汽车商务礼仪

主　　编　谭泽媛
编委成员　刘方歆　向　磊　杨　琴　邓雪强
　　　　　　刘　洪　刘永超

北京理工大学出版社
BEIJING INSTITUTE OF TECHNOLOGY PRESS

内 容 简 介

本教材为混合式教学模式下的新形态教材,将"汽车商务礼仪"内容分为五个项目,分别是:项目一汽车商务形象礼仪;项目二汽车商务沟通礼仪;项目三汽车商务接待礼仪;项目四汽车商务社交礼仪;项目五汽车商务会议礼仪。每个项目按照任务引入、任务描述、学习目标、相关知识、任务实施、拓展提升的逻辑编写,满足任务驱动、理实一体、线上线下混合式教学的需要。

版权专有　侵权必究

图书在版编目(CIP)数据

汽车商务礼仪 / 谭泽媛主编. —北京:北京理工大学出版社,2019.1
ISBN 978-7-5682-6672-7

Ⅰ. ①汽⋯　Ⅱ. ①谭⋯　Ⅲ. ①汽车–商务–礼仪–教材　Ⅳ. ①F766

中国版本图书馆 CIP 数据核字(2019)第 014325 号

出版发行 /	北京理工大学出版社有限责任公司
社　　址 /	北京市海淀区中关村南大街 5 号
邮　　编 /	100081
电　　话 /	(010)68914775(总编室)
	(010)82562903(教材售后服务热线)
	(010)68948351(其他图书服务热线)
网　　址 /	http://www.bitpress.com.cn
经　　销 /	全国各地新华书店
印　　刷 /	三河市天利华印刷装订有限公司
开　　本 /	787 毫米×1092 毫米　1/16
印　　张 /	12.5
字　　数 /	289 千字
版　　次 /	2019 年 1 月第 1 版　2019 年 1 月第 1 次印刷
定　　价 /	59.00 元

责任编辑 / 张旭莉
文案编辑 / 邢　琛
责任校对 / 周瑞红
责任印制 / 李志强

图书出现印装质量问题,请拨打售后服务热线,本社负责调换

前　言

学习汽车商务的第一本书应该是《汽车商务礼仪》，汽车商务礼仪对于汽车从业者非常重要。为了更好地培养学生积极心态、尊重与遵守职业规范、提升学生社会服务能力，进一步提高商务活动中的客户满意度，编委会主要面向汽车 4S 店销售顾问、服务顾问等工作岗位编写了此本教材，对于提高学生的就业竞争力和职业生涯发展具有重要的意义。

此教材是在完成汽车营销服务专业国家教学资源库子项目"汽车商务礼仪"课程所有的资源开发、完善、上传、审核、验收的基础上，联合兄弟院校教师共同编写的，教材的主要特点如下。

1. 理念新颖。本教材属于现代混合式教学模式下的新形态教材，既具有传统教材的优势，又立足国家教学资源库，完全实现线上线下 OTO 混合式教学。

2. 资源丰富。本教材除纸质文本呈现的相关资源之外，资源库内存 1 400 多个课程资源，其中非图文资源占量 55% 以上，在教学中还可以实现资源再生与更新，资源容量很大，拓展性强。

3. 教学灵活。教材编排符合任务驱动、理实一体的教学理念，操作性强；同时学生扫码自学、扫码自测、扫码提交作品成果，增强课堂的互动性；在资源库学习平台上可以实现点对点、点对面、师对生、生对师的沟通、评价、反馈等活动，增强教学的趣味性。

4. 实践性强。教材设置突出教学实践，尤其是任务实施、作品提交平台、评价方式的要求等内容，促进了学生对礼仪实践环节的重视，真正将知识技巧转化为实用。

本书主要针对应用型本科专业的学生，也适合不同知识背景和工作经历的人员自学之用。本书建议学习 64 学时，根据不同专业方向的学习要求，教师和读者也可酌情调整学时分配。

　　本书编写由谭泽媛担任主编，刘方歆、向磊、杨琴、邓雪强、刘洪、刘永超为编委会成员，教材共五个项目，其中项目一由杨琴、刘永超编写，项目二由向磊、邓雪强、谭泽媛编写，项目三由谭泽媛编写，项目四由刘方歆、刘洪编写，项目五由刘方歆编写。

　　本教材在编写的过程中借鉴和参考了相关教材、著作、网站资料和汽车企业内部的培训资料，在此一并表示感谢。由于编者水平有限，书中难免存在不足之处，敬请同行、专家和广大读者批评指正。

　　说明：汽车营销服务专业国家教学资源库门户地址

　　内网　　http://10.10.1.50/hunan_site/

　　外网　　http://218.75.206.106/hunan_site/

编　写

2018 年 12 月

二维码内容资源获取说明

Step1：扫描下方二维码，下载安装"微知库"APP；

Step2：打开"微知库"APP，点击页面中的"汽车营销与服务"专业。

Step3：点击"课程中心"选择相应课程。

Step4：点击"报名"图标，随后图标会变成"学习"，点击学习即可使用"微知库"APP进行学习。

PS：下载"微知库"APP并注册登录后，直接使用APP中"扫一扫"功能，扫描本书中二维码，也可直接观看相关知识点视频。

安卓客户端

IOS 客户端

目 录

课程绪论 ·· 001

项目一　汽车商务形象礼仪 ·· 011
　　任务1–1　仪容修饰 ··· 012
　　任务1–2　仪表穿戴 ··· 026
　　任务1–3　仪态修养 ··· 045

项目二　汽车商务沟通礼仪 ·· 065
　　任务2–1　交谈沟通 ··· 066
　　任务2–2　通信沟通 ··· 074
　　任务2–3　函单沟通 ··· 082

项目三　汽车商务接待礼仪 ·· 095
　　任务3–1　亲切迎客 ··· 096
　　任务3–2　热情待客 ··· 118
　　任务3–3　礼貌送客 ··· 132

项目四　汽车商务社交礼仪 ·· 137
　　任务4–1　客户拜访 ··· 138
　　任务4–2　礼品馈赠 ··· 149
　　任务4–3　宴请礼仪 ··· 155

项目五　汽车商务会议礼仪 ·· 175
　　任务5–1　早夕会礼仪 ·· 176
　　任务5–2　会务礼仪 ··· 182

参考文献 ·· 190

课程绪论

比尔·盖茨说:"在市场竞争条件下,现代竞争首先是人员素质的竞争。"

企业员工的职业素养已经成为行业竞争的关键,在很大程度上决定了企业形象、社会效益和服务质量,所以在汽车从业人员的招聘、选拔、培训等环节中,尤其重视员工的核心能力和素质的培养,以期在工作中获得更高的客户满意度。

汽车商务礼仪是指礼仪在汽车商务活动中的运用,是汽车商务人员在汽车商务活动中为表示尊敬、善意、友好而展现出的一系列道德、规范、行为及一系列惯用形式。它是汽车商务人员的个人的仪表、仪容、姿态、言谈举止、待人接物、处理业务的行为准则,是商务人员个人的道德品质、内在素质、文化素养、精神风貌的外在表现。礼仪的运用既是律己,也是敬人,具有利人利己、和人和己的社会价值。

高职学生开设"汽车商务礼仪"课程,可从根本上提高学生的整体素质,即立足于汽车服务行业的工作背景,提升学生的专业能力、社会能力和方法能力,做一个规范、严谨、有礼、有节、和谐的人。

任务引入

汽车商务礼仪的修养程度关乎汽车商务人员的个人形象、企业形象和工作效益,非常重要。通过本课程绪论的学习和任务的完成主要使学生认识到汽车商务礼仪的重要性,以及如何进行汽车商务礼仪的学习。

请认真学习汽车商务礼仪的特点和原则、汽车商务礼仪课程学习的重要性、汽车商务礼仪课程学习的目标、汽车商务礼仪课程学习的内容、汽车商务礼仪课程教学模式和考核方式,然后完成本项目任务和拓展任务,拍成视频后上传到资源库学习平台,并在学习小组或班上进行简短汇报。

任务描述

王红是一家汽车 4S 店的营销顾问,第一天上班单位进行汽车商务礼仪培训,王红觉得这个内容可有可无,没什么好学的,你怎么看待这个事情?作为汽车商务人员,该如何学习汽车商务礼仪?

学习目标

专业能力
1. 掌握汽车商务礼仪的特点和原则。
2. 领会汽车商务礼仪课程学习的重要性。
3. 掌握汽车商务礼仪课程学习的目标。
4. 掌握汽车商务礼仪课程学习的内容、教学模式和考核方式。
5. 掌握汽车商务礼仪课程学习的基本方法。

社会能力
1. 树立较强的服务意识。
2. 树立礼仪规范运用意识。
3. 强化汇报和沟通的能力。
4. 培养小组协同学习能力。

方法能力
1. 提升运用信息化查询资料自主学习的能力。
2. 强化礼仪在生活中不断践行完善的能力。
3. 提高发现问题解决问题的能力。

相关知识

"我不喜欢和一个不注重礼仪的人打交道,我相信别人也这样。"

——原通用电气董事长杰克·韦尔奇

一、礼仪与汽车商务礼仪

"不学礼,无以立","礼"是什么?有很多论述。纵观礼仪的产生和发展,我们一般将"礼仪"定义概括为:在一定社会结构中,在国际交往、社会交往和人际交往中表示尊敬、善意和友好的方式、程序、行为、规范和惯用形式,以达成国家之间、社会群体之间、人与人之间的和谐。

资源1 名家谈商务礼仪的内涵

所谓汽车商务礼仪,是指礼仪在汽车商务活动中的运用,是汽车商务人员在汽车商务活动中为表示尊敬、善意、友好而展现出的一系列道德、规范、行为及一系列惯用形式。它是汽车商务人员的个人的仪表、仪容、姿态、言谈举止、待人接物、处理业务的行为准则,是商务人员个人的道德品质、内在素质、文化素养、精神风貌的外在表现。

二、汽车商务礼仪的特点

汽车商务礼仪作为汽车行业特定环境下的行礼规范,其本身符合礼仪自身独具的特征,即规范性、限定性、可操作性、传承性四个特点。

第一,规范性。汽车商务礼仪是商务人员在从事具体服务活动中待人接物时必须遵守的行为规范。这种规范性,约束着汽车商务人员的仪容、仪表、仪态和行为举止,使其符合服务职场的礼仪规范。如:某品牌汽车商务人员佩戴橘红色的领带,某品牌汽车商务人员佩戴黄色的"笑脸"胸牌,等等。

第二,限定性。汽车商务礼仪受场合、身份、发生的事件的限定,其行礼的仪式也有差别。它是在汽车商务过程中对商务人员实施特定的约束,以满足企业品牌的形象和企业

经营理念的需要。不同的汽车品牌文化、不同的汽车业务流程赋予了其品牌服务的特定内涵，这就是汽车商务礼仪所表现的限定性。

第三，可操作性。汽车商务礼仪既有总体上的礼仪原则、礼仪规范，又在具体的细节上以一系列的方式、方法，仔细周详地对礼仪原则、礼仪规范加以贯彻，把它们落到实处，"行之有礼"。

第四，传承性。礼仪的成果是在摒弃糟粕之上的传承与发展，这就是礼仪传承性的特定含义。汽车商务礼仪更是如此。以丰田汽车为例，具有百年的悠久历史的丰田汽车，经过数十年，乃至百年的文化积累，不会因国籍、地域文化不同而改变其对品牌服务的标准，而是融入全世界各地文化、礼俗元素之上的丰田品牌服务礼仪，是发展的丰田品牌服务礼仪的传承。

三、汽车商务礼仪的原则

在汽车商务职场中，服务人员要学习、应用商务礼仪，还必须懂得汽车商务礼仪的原则。

汽车商务礼仪的原则主要有：

第一，遵守的原则。在商务职场中，每一位服务人员都必须自觉、自愿地遵守服务礼仪，以礼仪去规范自己在服务活动中的一言一行，一举一动。不仅要学习、了解服务礼仪，更重要的是学了就要用，要将其付诸工作实践中。

第二，自律的原则。从总体上来看，服务礼仪规范是由对待自身的要求与对待他人的做法这两大部分构成。对待自身的要求，需要自我要求、自我约束、自我控制、自我对照、自我反省、自我检点，这就是所谓自律的原则，也是服务礼仪的基础和出发点。

第三，敬人的原则。所谓敬人的原则，就是要求商务人员在从事服务活动时，对待客户既要做到互谦互让，互尊互敬，友好相待，和睦共处，又要将客户的重视、恭敬、友好放在第一位，这是"客户至上"的具体体现，也是前面所提到的对待他人的做法，这一要求比对待个人的要求更为重要，它是服务礼仪的重点与核心。

第四，宽容的原则。宽容的原则指的是要求汽车商务人员在服务活动中运用服务礼仪时，既要严于律己，又要宽以待人。要多容忍他人，多体谅他人，多理解他人，而不要求全责备，斤斤计较，过分苛求，咄咄逼人。在服务交易活动中，要体谅客户发脾气、使性子、刁难、蛮横等自我强烈意识的张扬，需要以同理心对待不同于己、不同于众的行为，以耐心、包容、理解、谅解的心理对待客户。

第五，平等的原则。是强调服务人员在服务活动中，不能因年龄、性别、种族、文化、职业、身份、地位、财富以及与自己的关系亲疏远近等方面的差异，就厚此薄彼，区别对待，给予不同待遇，这就是服务礼仪中平等的原则的基本要求。

第六，从俗的原则。"十里不同风，百里不同俗"，特别是从事服务活动的人员，由于工作流动性比较大，经常会到全国各地进行销售，会遇到不同民族、不同身份、不同文化背景的顾客。那么，面对异国他乡，首先要坚持入乡随俗，这样会使服务礼仪的应用更加得心应手，有助于服务交易结果的达成。

第七，真诚的原则。古语道"精诚所至，金石为开"，说的就是在社会人际交往过程中，必须遵守诚恳信用的原则，如购车中资金来往清楚明了，承诺事项如实兑现，等等。

四、汽车商务礼仪学习的重要性

汽车商务人员为什么要学这门课？因为它很重要。主要表现为：

1. 商务礼仪有助于提高服务人员的自身修养

在服务活动中，商务礼仪往往是衡量一名服务人员对公司及产品的忠诚度、责任感、使命感的准绳。它不仅反映着服务人员的专业知识、技巧与应变能力，还反映着服务人员的气质风度、阅历见识、道德情操、精神风貌。因此，服务人员把握、运用好商务礼仪，有助于提高自身的修养，真正提高服务人员的服务水平和服务质量。

2. 商务礼仪有助于塑造良好的服务形象

个人形象，是一个人仪容、表情、举止、服饰、谈吐、教养的集合，而礼仪在上述诸方面都有其详尽的规范，因此，服务人员学习、运用服务礼仪，有助于塑造良好的工作形象。

3. 商务礼仪有助于增进和改善客户关系

汽车商务人员正确运用礼仪，可以使自己在工作活动中充满自信，胸有成竹，处变不惊，更好地帮助服务人员规范彼此的交际活动，增进与客户之间的了解与信任，进而造就和谐、完美的人际关系，取得事业的成功。

4. 商务礼仪有助于提高企业的经济效益

对企业来说，商务礼仪是企业价值观念、道德观念、员工整体素质的整体体现，是企业文明程度的重要标志。商务礼仪可强化企业的道德要求，树立企业的良好形象。业内信息显示：在汽车企业的销售活动中，销售成功有70%取决于商务礼仪的良好运用。

资源2　东风日产商务礼仪的重要性

资源3　培训师对汽车商务礼仪的重视

五、汽车商务礼仪学习的目标

学习这门课程要达到什么样的目标？

（一）专业能力

1. 能根据汽车商务人员的特点塑造得体的职业形象。
2. 能准确运用交谈、电话、书面等沟通礼仪进行客户预约、洽谈、跟踪与回访。
3. 能够准确运用接待礼仪在与客户交往中热情、规范地进行迎客、待客、送客等。
4. 能够准确运用社交礼仪对客户进行拜访、馈赠和宴请等。

5. 能够准确运用会议礼仪参加早会、夕会、展销会等。

6. 在处理客户咨询、异议与投诉等问题中礼仪应用得体。

7. 能够运用规范的礼仪，体现与客户交往中的"真实一刻"，有效维护客户关系。

（二）社会能力

1. 课堂内容的学以致用的能力。
2. 制订工作计划、独立决策和实施的能力。
3. 运用多方资源解决实际问题的能力。
4. 培养学生细致、严谨、规范的作风。
5. 准确的自我评价能力和接受他人评价的能力。
6. 自主学习与独立思维能力。

（三）方法能力

1. 树立服务意识、效率意识、规范意识。
2. 强化人际沟通、客户关系维护能力。
3. 维护组织目标实现的大局意识和团队能力。
4. 良好的心理素质和克服困难、挫折的能力。
5. 爱岗敬业的职业道德和严谨务实勤快的工作作风。
6. 自我管理、自我修正的能力。

六、课程学习的内容

这门课程学习的内容主要分为五个项目。

1. 汽车商务形象塑造。
2. 汽车商务沟通礼仪。
3. 汽车商务接待礼仪。
4. 汽车商务社交礼仪。
5. 汽车商务会议礼仪。

七、课程教学模式

本课程依托"汽车技术服务与营销专业教学资源库"实施"O2O"教学模式（如图 1 所示），即线上与线下相结合的混合式教学模式。

1. 查阅任务

课前学生在资源库平台上查阅"项目任务书"，明确学习任务和目标。

2. 微课学习

学生学习与任务相关知识点的微课，主要是观看微课教学视频、完成微课进阶训练、在线与教师互动交流。

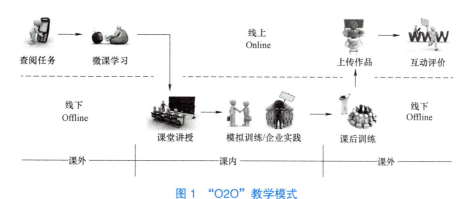

图1 "O2O"教学模式

3. 课堂讲授

教师根据资源库平台统计的学生微课学习效果,在课堂上讲授重点和难点的知识与技能,为学生的模拟训练或企业实践打下基础。

4. 模拟训练/企业实践

教师引导学生完成项目任务训练,该环节根据实际情况进行模拟训练或企业实践。

5. 课后训练、上传作品、互动评价

学生在课外完成拓展训练,为了检查学生的训练效果,小组内拍摄照片或微视频,并将其上传至资源库平台(或空间),师生对作品进行互动评价,不但给了学生展示机会,还进一步充实了资源库。

八、课程教学方法

双线教学	教法	学法
线上教学	理论讲授、视频播放、进阶考核	观看视频、勤做笔记、完成练习
线下教学	案例分析、小组讨论、实操考核	案例讨论、小组汇报、实操练习

九、考核方式与标准

考核阶段	考核内容	考核形式	成绩比例
线上学习考核	在线学习完成率和进阶训练完成效果	根据平台统计情况	20%
线下学习考核	学习态度	课堂表现	10%
		项目任务书完成情况	10%
	项目操作技能	项目任务考核	40%
		拓展任务考核	20%
合计			100%

线下学习考核评价标准

序号	考核点		考核标准	成绩比例
1	学习态度	课堂表现	根据出勤、听课和项目进行情况进行评分，占 10 分	10%
2		项目任务书完成情况	项目任务书完成情况缺 1 次扣 1 分,缺交 3 次以上（含 3 次）课程成绩计 0 分	10%
3	项目任务考核		课堂教师主导项目任务占 30 分	40%
4	拓展任务考核		课后学生自主完成的拓展训练占 20 分	20%
			合计	80%

关于"汽车商务礼仪"的课程介绍就到这里，主要把握汽车商务礼仪的重要性、课程开设的必要性、课程内容、课程教学模式、课程考核要求。同时还说明一点：这门课程主要针对的汽车商务行业岗位重点是汽车销售顾问、汽车商务顾问等与客户打交道的服务岗位。

要全面理解"课程绪论"所涉及的基础知识，并很好地解决本项目任务中所描述的销售顾问王红的问题，建议采取如下活动开展学习和训练。

资源 4 课程绪论微课

资源 5 案例视频

（一）认识汽车商务礼仪的重要性的讨论

1. 任务实施目标

汽车商务礼仪的修养程度关乎汽车商务人员的个人形象，企业形象和工作效益，非常重要。通过本课程绪论的学习和任务的完成主要使学生认识到汽车商务礼仪的重要性，以及如何进行汽车商务礼仪的学习。

2. 任务实施准备

形式：假定自己是销售顾问王红，与学习小组成员商讨：你怎么看待这个事情？作为汽车商务人员，该如何学习汽车商务礼仪？并上台进行课堂展示。

3. 任务实施步骤

实施步骤：

（1）以之前的任务案例为背景，学生以小组为单位，讨论分析。

（2）小组要有分工：讨论记录、汇报、摄像等。

（3）各小组派代表上台做小组报告。

注意：上台汇报的同学要注意自己的形象，言之有理，言之有序，注意演讲的礼仪，组内找出一个同学摄像；其他组同学要认真看，仔细听，并适当做笔记，最后打分，注意倾听的礼仪。

（4）师生共同评价。

（5）小组成员根据评价重新整理再拍摄，并将汇报内容拍摄微视频上传至资源库平台（或空间）。

（6）教师查看平台成果提交情况后进一步评价。

（二）相关任务成果提交

小组成员共同完成该任务，并拍摄微视频上传至资源库平台（或空间）。

成果提交

课程绪论学习拓展内容

项目一
汽车商务形象礼仪

良好的外在形象是尊重他人的表现，是专业性、权威性的外在表现，不仅能够体现良好的修养和独到的品位，还能够更好地展示汽车品牌形象，有助于商务活动的成功。

美国心理学家奥伯特·麦拉比安发现：一般情况下，人们对一个人的印象评价，55%取决于外表，38%取决于他的自我表现，只有7%才是他要讲的内容，所以说，作为汽车服务人员，重视个人的形象礼仪，有助于树立个人的信心。

本项目旨在指导学生如何进行个人形象塑造与修饰，重点在于职业形象的塑造与美化，使得汽车服务人员个人形象端庄、大方、规范，应着重从仪容、仪表、仪态三个方面进行学习。

任务 1-1　仪容修饰

任务引入

汽车服务人员的形象事关个人形象和企业形象。作为职场新人首先是面临如何对自己进行准确的商务形象塑造，从而以最好的状态去迎接顾客。

"仪容修饰"的礼仪通常包括头发修饰、妆容修饰和肢体修饰，形象的展示非常重要，如有不慎都将会给顾客留下不好的印象。

任务描述

刘明和张红分别是两位刚毕业的大学生，一起应聘到 HR 汽车销售服务公司担任销售助理，刘明是男生，他觉得男性汽车服务人员不需要太修边幅；而张红作为年轻时尚的女孩子，特别爱打扮，每天妆容夸张，戴着闪亮的大耳环，涂着鲜艳的指甲油去上班。一天，公司的销售经理找到他们两个，语重心长地说道："你们两位刚应聘进来的时候专业知识的考核都很不错，可是作为一名汽车服务人员，专业的商务形象会给客人留下很深刻的印象，请你们两位明天再来上班的时候重新对自己的形象进行修饰。"刘明和张红一听觉得非常惊讶，原来自己的形象已经给销售经理留下了很不好的印象，各位同学，如果你是他们两位，请问你会如何塑造好自己的商务形象，以崭新的姿态去迎接客户呢？

学习目标

- 专业能力
1. 能够以最佳的专业形象去进行客户接待；
2. 掌握头发修饰、妆容修饰和肢体修饰的知识和技能点。
- 社会能力
1. 树立服务意识、效率意识、规范意识；
2. 强化人际沟通、客户关系维护能力；

3. 提高维护组织目标实现的大局意识和团队能力；
4. 加强爱岗敬业的职业道德和严谨务实勤快的工作作风；
5. 增强自我管理、自我修正的能力。

● 方法能力
1. 利用多种信息化平台进行自主学习的能力；
2. 制订工作计划、独立决策和实施的能力；
3. 运用多方资源解决实际问题的能力；
4. 准确的自我评价能力和接受他人评价的能力；
5. 自主学习与独立思维能力。

 相关知识

一、头发修饰

关于仪容修饰，重点从三个方面来讲，分别是头发修饰、妆容修饰、肢体修饰，其中妆容修饰是重点。

下面学习仪容修饰中的第一个内容：头发修饰。

所谓头发修饰，就是通常所说的美发，即有关头发的护理及修饰的规范。

资源1　头发修饰

头发是人的第二张脸，色泽亮丽、柔顺而富有弹性的头发，能显示出一个人的健康形象。美发是展示良好形象的前提，一个造型美观大方的发型在塑造人的形象美中起着不可忽视的作用。

（一）汽车服务人员头发修饰基本的要求

干净、整齐、长短适中、发型简单大方、朴素典雅。

（二）头发修饰的基本方法

1. 定期清洗头发（如图1-1所示）

头发健康是头发美的基础，平时要注意头发的卫生，经常清洗，以保持蓬松和干净，天气热时最好是每日一次，一般情况两三天必须要清洗一次，以头发没有异味为佳。

2. 定期修剪头发（如图1-2所示）

汽车商务人员，特别是男士，至少要确保每个月修剪一次。

图1-1 清洗头发

图1-2 修剪头发

（三）发型选择

1. 男性发型（如图1-3所示）

男士发型要求轮廓分明，样式保守整洁，修剪得体，讲究前不覆额，侧不掩耳，后不及领。大体上来讲，头发的长度最好不要长于7厘米，也不宜剃光头。

(a)

(b)

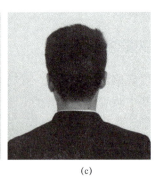
(c)

图1-3 男性发型

2. 女士发型（如图1-4所示）

女士头发不宜过肩部，切忌披发工作。头发过长，应该将头发理顺、盘起，样式、发饰应严格按照公司要求。短发的女士，要保持头发柔顺、整齐。一般管理严格的公司或企业不提倡染彩色发。

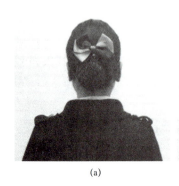
(a)

(b)

(c)

图1-4 女性发型

汽车服务人员出门换装上岗前、摘下帽子时、下班回家时以及其他必要场合，都必须自觉地梳理头发，确保整齐。

关于头发修饰这个内容不是特别复杂，但不可轻视，一定要有修饰意识，同时要根据职业场合的规范要求以及自身脸型、身材的特点进行发型设计。

二、女士妆容修饰

案 例

来自同一所职业学院的小贾和小梦已经在某汽车品牌 4S 店汽车销售顾问岗位实习半年了，小梦已经提前转正成为销售顾问，而小贾工作业绩始终没有起色，还是销售见习生。

一天中午，小贾正如往常一样懒洋洋地趴在站台一边发呆，一对夫妇走进展厅，好像打算购车的样子。小贾赶紧迎上去，热情地对两位顾客大声问好："欢迎光临！请问有什么可以帮助您的？"夫妇俩的眼光打量了小贾几眼，略微皱了一下眉头，说了一声："哦，随便看看，谢谢！"随后逛了一下，转身离开了展厅。

看到客户似乎对她有所戒备，小贾疑惑得皱着眉头，不知道发生了什么，这时小梦微笑着走了过来，对小贾说："小贾，走，去化妆间，我带了化妆品，我重新帮你画个淡妆，再把大耳环摘了，指甲油洗了。"听了小梦的一席话，她这才注意到自己的形象：头发凌乱，面部妆容粗糙，口红和指甲油鲜艳耀眼，夸张的圆形大耳环不停地前后摇摆着，再加上从不离口的口香糖，小贾一下羞得满脸通红，和小梦迅速跑向化妆间。

【分析】

本案例中小贾的问题：

一是状态不佳。比如"懒洋洋地趴在站台一边发呆"。

二是仪容不当。比如"头发凌乱，面部妆容粗糙，口红和指甲油鲜艳耀眼，夸张的圆形大耳环不停地前后摇摆着，再加上从不离口的口香糖"。

所以汽车服务人员的形象事关个人形象和企业形象。

化妆，是修饰仪容的一种方法，它是指采用化妆品按一定技法对自己进行修饰、装扮，以便使自己的容貌变得更加靓丽。作为汽车商务女性人员，必须带妆上岗，这既是自尊的表示，也意味着对沟通对象的尊重。

资源2 女士妆容

进行化妆前，一定要树立正确的意识，即化妆的原则，有以下三条。

美化。化妆意在使人变得更加美丽，因此在化妆时要注意适度矫正，修饰得法。在化妆时不要自行其是，任意发挥，寻求新奇，有意无意地将自己丑化、怪异化。

自然。化妆既要美化、生动，又要真实、自然。化妆的最高境界，是没有人工美化的痕迹，好似天然的美丽。

协调。高水平的化妆强调的是其整体效果，所以在化妆时，应努力使妆面与全身、场合、身份相协调。

每个人的面容都有自己的特征，因此，化妆的技法和风格也不应是相同的。而且每隔一段时间，化妆方法也会有不同的流行特色。但是，化妆的基本程序不会有很大差异，每个人都应在掌握基本化妆程序的基础上，根据自身的特点，采用最适宜的化妆技法。

（一）面部要保持整洁

化妆必须在清洁的面部进行，这项工作是十分重要的。首先，用洗面奶等清洁类化妆品洗脸，用水冲净。其次涂以护肤类化妆品，如乳液、护肤霜、美容蜜等。由于其工作的环境大多在4S店展厅，空气比较干燥，最易令皮肤表面的水分流失，所以在4S店展厅工作的女士皮肤容易缺乏光泽，老化松弛，滋润是比较好的解决方法。滋润皮肤的产品要选择适合的护肤霜，万万不可油腻，否则油光满面，又吸引尘粒，反而不美。若在涂抹时进行自我按摩可使疲倦的皮肤放松。使用这类化妆品不仅能润泽皮肤，还能起到隔离作用，防止带颜色的化妆品直接进入毛孔。（如图1-5所示）。

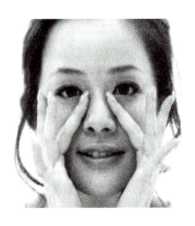

(a)   (b)

图1-5 女性面部

(a) 脸部洁净，无明显粉刺，施粉适度，不留痕迹；(b) 鼻腔干净

（二）化妆

汽车商务女性必须化淡妆，化妆的基本步骤如图1-6所示。

项目一 汽车商务形象礼仪

```
(1) 打底 ─┬─ 粉底液（膏） ── 增加粉底的附着和伸展性，使彩妆更持久，同时修饰肌肤的缺点，调整肤色
         └─ 蜜粉（粉饼） ── 固定粉底，使彩妆不易脱落

(2) 眼部 ─┬─ 眉笔 ── 修饰眉毛
         ├─ 眼线笔 ── 表现眼部立体感
         ├─ 睫毛膏 ── 使眼睛更显精神
         └─ 眼影 ── 强调或修饰眼型或强调彩妆

(3) 唇部 ─── 润唇膏、口红、唇彩 ── 表现唇部美感

(4) 修容 ─── 腮红 ── 表现立体感，整体均衡修饰脸部
```

图 1-6　化妆的基本步骤

（1）打底修饰（如表 1-1 所示）

表 1-1　打底修饰步骤

① 工具/原料	粉底刷、粉底海绵、海绵粉扑、粉底、遮瑕膏等。	
② 步骤/方法	步骤1：在打粉底前，先使用遮瑕膏将黑眼圈和斑点轻轻遮盖。	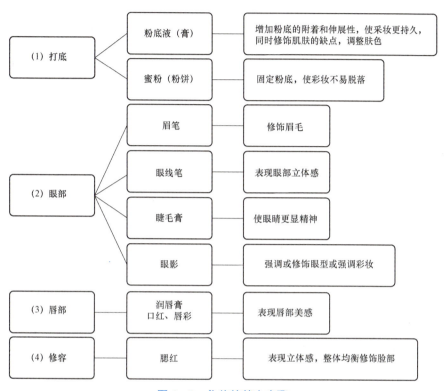

续表

② 步骤/方法	步骤2：由上向下，力度适中地用粉底刷来涂抹粉底。 注意：应根据自己的脸型施以粉底，突出面部的优点，修饰其不足。不要用太白的底色，否则会让人感到失真。粉底颜色选择一定要适合自己肤色，如果无法判断，可以去化妆品专柜由专业人员帮你选定。	
	步骤3：在涂抹完全脸之后，用少量粉底涂抹眼部四周，眼部四周的粉底不宜过厚。 注意：最好使用两种颜色的底色，在脸部的正面，用接近自己天然肤色的颜色，均匀地薄薄地涂抹；在脸部的侧面，可用较深底色从后向前，由深至浅均匀地涂抹。因为深色有后退和深陷的作用，这样做可以收到增强脸型立体感的效果。在面部需要表现后退和深陷的部位，都可以巧妙自然地使用深底色。	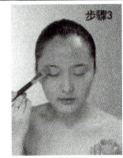
	步骤4：粉底修饰完毕之后用粉定妆，以柔和妆面固定底色。可用粉饼或散粉，粉的颗粒越细致效果越自然，一定要涂得薄而且均匀。	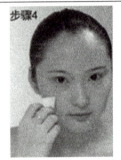

（2）眼部修饰（如表1-2所示）

表1-2 眼部修饰步骤

① 工具/原料	眼部化妆刷、眉笔、眼线笔或眼线液、睫毛膏、眼影。
② 眉形判断	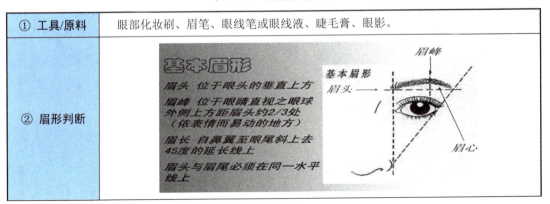

续表

③ 画眉修饰步骤/方法	步骤1（定点）：先用眉笔把眉峰、眉尾、眉头点出来，把眉毛逐根修剪，将过长、笔直的或向下垂的眉毛修剪到适合的长度。	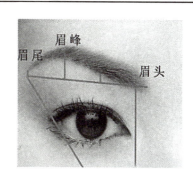
	步骤2（上色）：先用眉笔勾画出轮廓，再顺着眉毛的方向一根根地画出眉型。 注意：眉色的选择要根据妆型的要求和妆面的色调来决定，一般来说，眉毛不宜过深，最好比自己头发的颜色稍浅一些。	
	步骤3（修整）：用螺旋刷轻刷过多的眉色，消除定点痕迹，修正轮廓，将画上去的眉和原来的眉毛融成一体。	
④ 眼线的修饰步骤/方法	步骤：从内眼角向外眼角，沿着睫毛生长处画上，在外眼角处稍上扬即可。画眼线时，镜子的位置要低于眼睛。画上眼线时，抬高下颚，并将眼睛往下看；画下眼线时，拉低下颚，眼睛往上看，比较容易描画。 注意：画眼线的作用主要是突出眼睛的轮廓，增加眼睛的外观效果。画眼线要注意上下眼线的区别，一般是上眼线比下眼线画得长、粗、深些。	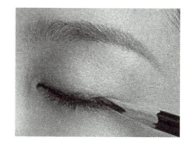

⑤ 睫毛的修饰步骤/方法	步骤：涂睫毛时，先从睫毛中间部位开始涂，然后涂眼梢，最后涂内眼角。涂上眼睫毛时，下巴微微抬起，眼睛向下看，然后用没有拿睫毛刷的那只手把眼皮向上提，使睫毛的根部露出来。涂下睫毛时，要将下巴向里收紧，眼睛从下向上看镜子，垂直拿着睫毛刷，在睫毛上左右摆动睫毛刷的尖端。	
⑥ 眼影的修饰步骤/方法	步骤1：从接近睫毛根部开始上色，由眼头至眼尾方向抹开。一次上色应该淡一些，通过多上几次来达到效果。 步骤2：再顺着眼睛的幅度将眼影染开。 步骤3：最后将浅色眼影刷在眉骨和下眼线下面进行提亮。	

（3）唇部修饰（如表1-3所示）

表1-3 唇部修饰步骤

① 工具/原料	唇部化妆刷、润唇膏、口红、唇彩等。	
② 唇部修饰步骤/方法	步骤1：用粉底液遮盖唇边的细纹等瑕疵，突显出唇形轮廓。如果选用的是较浅颜色的口红，还可以在唇上打上一层薄薄的粉底，掩盖住本来红艳的唇色，使淡色的口红更显效果。	
	步骤2：用唇刷蘸取一些唇膏或直接用唇膏涂抹。先从中间开始往两边，在下唇涂上口红。因为嘴唇的饱满感一般是在下唇处体现的，所以这里的口红可以稍微涂厚些。	

续表

② 唇部修饰步骤/方法	步骤3：上下唇抿一抿，让唇色均匀地分配在上下唇。	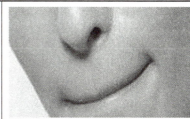
	步骤4：在唇部的中间稍微涂上唇彩，使双唇更显饱满且有光泽。注意要选用和口红同色系的唇彩，以免形成太大反差。	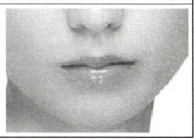

（4）修容修饰（如表1-4所示）

表1-4 修容修饰步骤

① 工具/原料	腮红刷、腮红等。	
② 修容修饰步骤/方法	步骤：先用腮红刷蘸取适量的腮红，以由内向外画圈的手法在脸颊上颧骨突出来的部位向耳根轻轻涂抹，越来越淡，直到与底色自然相接。	

三、男士妆容修饰

前面花了比较长的篇幅讲了女性妆容修饰，那汽车商务行业的男士们需不需要妆容修饰呢？答案是肯定的。虽然男士们的面部修饰相对简单，但是必须要讲究。

资源3 男士妆容

男士的面部修饰主要分为四个方面。

（1）每天面部都要保持整洁。在清洁方面，男性由于生理因素活动量大，皮肤比女性粗，质地硬，毛孔大，表皮容易角质化。同时男子的汗液和油脂分泌量多，皮肤上的灰尘和污垢积聚多，清洁皮肤需要更加彻底。

（2）男士每日清洁面部的基本护理要求如下：

① 洁面。每天都要用洗面奶或者洁面膏清洗面部（如图1-7所示）。

图 1-7　男士洁面

② 去死皮（去角质）。一般 1 周到 2 周做一次，如果是敏感性肌肤，每个月做一次即可，之后用爽肤水收缩毛孔。

③ 护肤。选用男士专用爽肤水、精华液。

④ 护眼。选用专用眼霜。

⑤ 防晒。选用专用防晒霜。

（3）男士修面

男士修面主要指的是不要留胡子，要养成每日剃须的习惯，鼻毛和耳毛也要定期修剪，使面部每天都清洁，容光焕发，充满朝气。

（4）口腔清新

由于汽车服务人员工作的关系需要经常与顾客交流，所以保持口腔卫生也是汽车服务人员重要的一个环节，尽量避免在工作前食用会产生异味的食物，如葱、蒜、韭菜、海鲜等（如图 1-8 所示），并且养成饭后及时刷牙的习惯，保证口腔无异味。一旦发现自己有口腔异味，应及时使用漱口水或喷剂清除，从而保持一个良好的个人形象。

图 1-8　葱、蒜、韭菜、海鲜

四、肢体修饰

如何体现人的形体美？如图 1-9 所示，给了我们四个词：和谐、协调、均衡、对称。如何实现形体的和谐、协调、均衡、对称，人的肢体展现很重要。接下来重点学习仪容修饰的第三个内容：肢体修饰。

汽车商务人员的肢体修饰主要包括手部和脚部两个部位。

资源 4　肢体修饰

项目一 汽车商务形象礼仪

图 1-9 形体美

（一）手部

一双干净光洁的手往往能给交往对象留下良好的印象（如图 1-10、图 1-11 所示）。

1. 汽车服务人员必须保持手部干净清爽，应当勤洗手。
2. 汽车服务人员不得留长指甲，最好每周修剪一次，指甲的长度以不超过手指指尖为宜；指甲内部也要注意不能有污垢，不得在公共场合修剪指甲或用牙齿啃咬指甲。
3. 女士不能使用色彩夸张的甲油和甲饰。
4. 如果手上有厚重体毛，还必须经常剃、褪，以示美观。
5. 手部要悉心照料，不要让它常带伤残；若皮肤粗糙、红肿或皲裂等，要及时护理和治疗。

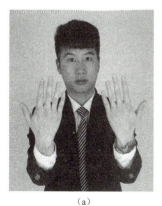   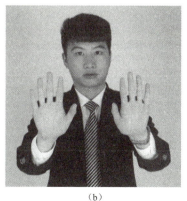

（a）　　　　　　　　（b）

图 1-10 男士双手

023

（a） （b）

图 1-11 女士双手

（二）脚部

汽车商务人员脚部的修饰也很重要。

女士的腿毛过重，要注意进行剃、褪或是以丝袜进行遮掩。汽车服务人员必须养成良好的卫生习惯，每天勤洗脚，勤换鞋袜，注意保持脚部卫生，无异味。不要穿残破的袜子。不要在他人面前脱下鞋子，更不要脱下袜子抠脚或剪趾甲。脚指甲要勤于修剪，最好每周修剪一次。男士还要注意不能在公共场合穿短裤或是挽起长裤的裤脚。女士着裙装时应穿袜子（如图 1-12、图 1-13 所示）。

图 1-12 女士脚部（适合）　　图 1-13 男士脚部（不妥）

在线测验

通过课前预习，了解"仪容修饰"基本知识，掌握"仪容修饰"的礼仪要求等知识和技能点，并能熟练运用于职场形象设计。

扫描下方"测验二维码"进入资源库平台的在线测验页面。

在线测验

项目一
汽车商务形象礼仪

 任务实施

要全面理解"仪容修饰"所涉及的基础知识,并很好地解决本项目任务中所描述的问题,建议采取如下活动开展学习和训练。

(一)仪容修饰

1. 任务实施目标

掌握仪容修饰礼仪的知识和技能,进行个人商务形象塑造。

2. 任务实施步骤

(1)假定自己是刘明和张红,与学习小组成员商讨和训练如何进行形象塑造;

(2)小组内每个成员根据自身的特点进行个人形象塑造;

(3)每个成员展示自己的形象塑造成果。

(二)相关任务成果提交

小组课后运用角色扮演法模拟训练该场景,并拍摄微视频上传至资源库平台。

成果提交

 拓展提升

头发修饰积件

肢体修饰积件

女士妆容修饰积件

男士妆容修饰积件

任务 1-2 仪表穿戴

任务引入

汽车商务人员的仪表穿戴事关个人形象和企业形象，也事关汽车商务活动的成败。所以，本任务中小刘作为汽车商务人员首先面临的是，如何对自己在不同场合的商务活动上的仪表穿戴进行塑造，从而以最好的形象去达成商务活动。

"仪表穿戴"的礼仪通常包括汽车商务人员着装原则、女士汽车商务人员着装搭配、男士汽车商务人员着装搭配，形象的展示非常重要，如有不慎都将会给顾客留下不好的印象，所以汽车服务人员一定要做好自己的职场仪表穿戴。

任务描述

一日，某汽车销售 4S 店王总对小刘讲：最近我们和 M 单位洽谈合作项目，公司准备派你来负责这件事。但先给你提个建议，你能否注意一下你的服饰呢？你的形象很好，但依我的经验，在谈判中，形象较好，有着娃娃脸的女孩子会让对方产生不信任感，一旦对方产生了这种感觉，我们的项目就不容易谈成。所以你要借助服饰把你的形象调整一下。小刘有点茫然。各位同学，如果你是小刘，请问你会如何通过仪表穿戴来修饰自己，以便在汽车商务活动中制胜呢？

大家分析一下并完成以下任务。

小刘该如何进行自己的职场仪表穿戴呢？

请做模拟训练，将拍摄的模拟视频上传学习平台的成果提交里。

学习目标

一、专业能力

1. 能够以最佳的仪表穿戴去进行汽车商务活动；
2. 掌握商务着装原则、女士商务着装穿戴搭配、男士着装穿戴搭配的知识和技能点。

二、社会能力

1. 树立服务顾客意识、企业效率意识、仪表规范意识；
2. 强化人际沟通、客户关系维护能力；
3. 提高维护组织目标实现的大局意识和团队能力；
4. 加强爱岗敬业的职业道德和严谨务实勤快的工作作风；
5. 增强自我管理、自我修正的能力。

三、方法能力

1. 培养自主学习能力；
2. 利用多种信息化平台进行自主学习的能力；
3. 运用多方资源解决实际问题的能力；
4. 准确的自我评价能力和接受他人评价的能力；
5. 养成独立思考的能力。

一、汽车商务人员着装原则

某4S店汽车销售顾问小林在第一次参加店内新车发售仪式时遭遇了着装带给他的窘境，那次境遇让小林意识到穿衣服是不能忽视场合的。

新车发售的前一天，小林恰好把店里发的白衬衣洗了，到早上还没干。小林就随便拿了件衬衣穿上去了单位。到了单位后发现同事及领导们都统一身着白色衬衣，而自己显得独树一帜，他感到了一种不自在，一种被环境隔离开来的不自在。从那以后，小林非常注意在不同时间、不同场合、不同环境的服饰穿着和饰物的搭配，使得自己的职业形象更完美。

【分析】

汽车商务人员的形象事关个人形象和企业形象，也事关汽车商务活动的成败。

试问新车发售的那天为什么小林会不自在？

那是因为当初小林没有充分认识到仪表着装对一个汽车商务人员的重要性。

仪表服饰礼仪是人们在交往过程中为了表示相互尊重和友好，达到交往和谐而体现在仪表及服饰上的一种行为规范。在汽车技术与营销活动中，能直接影响着客户对服务人员、企业形象的评价和看法，较好地体现服务人员的文化修养及审美情趣，良好的仪表服饰礼仪不仅能赢得他人的信赖,给人留下良好的印象,而且能够提高与人交往的能力(如图1-14所示)。

资源1　仪表服饰

(一)仪表的含义

仪表是指一个人精神面貌的外观体现,俗话说就是"包装"。一个人的卫生习惯、服饰与形成和保持端庄、大方的仪表有着密切的关系。

(二)服饰的含义

服饰是一种文化,它反映着一个民族的文化水平和物质文明的发展的程度。服饰具有极强的表现功能,在社交活动中,人们可以通过服饰来判断一个人的身份地位;通过服饰可展示个体内心对美的追求、体现自我的审美感受;通过服饰可以增进一个人的仪表,气质,所以服饰是人类的一种内在美和外在美的统一(如图1-15、图1-16所示)。

图1-14　汽车商务人员仪表

图1-15　非商务着装

图1-16　不得体的商务着装

(三)服饰着装的原则

俗话说"佛要金装,人靠衣装"。一个人的仪表要与他的年龄、体型、职业所在的场合等相吻合，表现出一种和谐。作为汽车商务人员在选择服饰时一定要注意遵循以下基本原则。

资源2 仪表穿戴原则

1. 整洁原则

整洁是汽车商务人员在服饰着装的一个最基本的原则。一个穿着整洁的人总能给人积极向上的感觉，并且也表示出对沟通对象的尊重和社交活动的重视。

整洁原则并不意味着时髦和高档，只要保持服饰的干净合体、全身整齐即可（如图1-17所示）。

(a)　　　　　(b)

图1-17　整洁的商务着装

2. 个性原则

个性原则是指汽车商务人员的服饰打扮必须根据自己的年龄身份、形体等特征穿出属于自己的个性、品位，塑造属于自身的职业形象。

汽车商务企业中汽车商务人员的着装一般有统一的制服，要彰显自己的个性的话，可以稍加修饰，佩戴一些简单的小饰物，如胸针、小丝巾等（如图1-18所示）。

3. 适合原则

汽车商务人员选择衣服不但要适合自己的个性特征，而且要服从服务环境的需要，有的时候要学会放弃个性（如图1-19所示）。比如，汽车商务人员的服饰必须体现出自己的个性、热情、细致和专业的一面，又要能衬托出你非常适合汽车商务的背景环境。如果仅仅为了突出个性，而忽视汽车商务交往的目的，穿着特别时髦甚至暴露的衣服来表现你的坦诚热情，是不可能被顾客接受的，直接影响汽车商务企业的整体形象。

图1-18 佩戴手表彰显个性

图1-19 合适的商务着装

4. TPO原则

TPO是Time（时间），Place（地点），Object（目的）三个英文单词的缩写（如图1-20所示）。这个原则的基本含义是人们在服装穿着、饰品佩戴等方面，不但要与自己的个性、风格、生理条件相适宜，而且必须适应具体的时间、地点和目的要求。TPO是目前国际公认的服饰礼仪原则。因此，在你着装时应考虑：穿什么？怎么穿？这会是你踏入社会并取得成功的开端。

时间原则	地点原则	目的原则
● 指服装的打扮要考虑每天早中晚时间的变化，春夏秋冬四季的不同和时代大变化。	● 不同的环境需要与之相适应的服装打扮，汽车服务人员上班时的穿着要正统，适合穿制服、套裙、套装、连衣裙，饰品佩戴遵循"以少为佳"，最多不要超过三件。	● 着装应该与当时当地的气氛融洽协调，根据不同的目的进行着装，通过着装打扮给人留下好的印象，以便汽车服务活动顺利开展。

图1-20 TPO原则

5. 配色原则

服饰的美是款式美、质料美和色彩美三者完美统一的体现，形、质、色三者相互衬托、相互依存，构成了服饰美统一的整体（如图1-21所示）。

服饰色彩的相配应遵循一般的美学常识。服装与服装、服装与饰物、饰物与饰物之间的色彩应色调和谐，层次分明。饰物只能起到"画龙点睛"的作用，而不应喧宾夺主。服饰色彩在统一的基础上应寻求变化，肤与服、服与饰、饰与饰之间在变化的基础上应寻求平衡。

图 1-21 合适颜色的搭配

（1）服装色彩搭配有三种方法可供参考（如表 1-5 所示）。

表 1-5 服装色彩搭配方法

序号	搭配方法	方法描述
1	同色搭配	由色彩相近或相同，明度有层次变化的色彩相互搭配形成一种统一和谐的效果。如墨绿配浅绿、咖啡配米色等。在同色搭配时，宜掌握上淡下深，上明下暗。这样整体就有一种踏实之感。
2	相似搭配	如蓝与绿，红与橙。相似搭配时，有两个色的明度、纯度要错开，如深一点的蓝色和浅一点的绿色配在一起比较合适。
3	主辅搭配	选一种起主导作用的基调和主色，相配于各种颜色，起到一种互相陪衬、相映成趣之效。

注意：三色原则，着装的色彩搭配基本方法有同色搭配法、相似搭配法、主辅搭配法，着装色彩搭配不宜超过三种。

（2）色彩选择应考虑的因素。

服装色彩选择需要考虑的因素如表 1-6 所示。

表 1-6 服装色彩选择考虑因素

序号	服色选择因素	具体举例
1	年龄	年轻人的穿着可以鲜艳、活泼，这样可以充分体现年轻人朝气。而中老年人的着装要注意庄重、雅致、含蓄，体现其成熟和端庄。到了相应的年龄段，只要着装得体，都可以显示出独特韵味。

（1）双手平放在双膝上。
（2）双手叠放，放在一条腿的中前部。

图 1-52　双手平放在双膝上　　　　图 1-53　双手叠放

（3）一只手放在扶手上，另一只手仍放在腿上或双手叠放。
（4）手叠放在侧身一侧的扶手上，掌心向下。

3. 双腿的摆法

双腿的摆法有标准式、侧腿式、重叠式、前交叉式（如图 1-54 所示）。

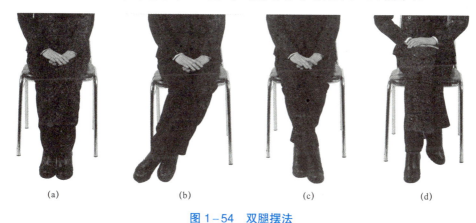

图 1-54　双腿摆法
（a）标准式；（b）侧腿式；（c）重叠式；（d）前交叉式

4. 男女坐姿

1）女士坐姿

女士坐姿类型有标准、侧点、前交叉、交叉后点、曲直、侧挂、重叠（如图 1-55 所示）。

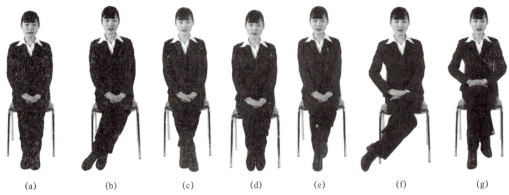

图 1-55 女士坐姿

(a) 标准；(b) 侧点；(c) 前交叉；(d) 交叉后点；(e) 曲直；(f) 侧挂；(g) 重叠

2）男士坐姿

男士坐姿类型有标准、前伸、前交叉、交叉后点、曲直、重叠（如图 1-56 所示）。

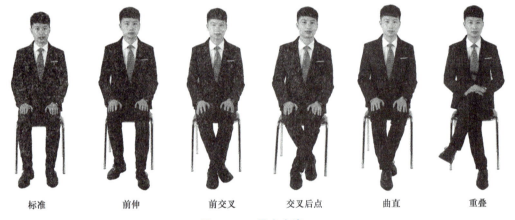

标准　　　前伸　　　前交叉　　　交叉后点　　　曲直　　　重叠

图 1-56 男士坐姿

5. 坐姿的注意事项（如图 1-57 所示）

（1）坐时不可前倾后仰，歪歪扭扭。

（2）双腿不可过于叉开，或长长地伸出。

（3）坐下后不可腿、脚不停抖动，不可随意挪动椅子。

（4）不可将大腿并拢，小腿分开，或双手放于臀部下面。

（5）高架"二郎腿"或"4"字形腿。

（6）脚尖不要指向他人，双手不要放在两腿中间。

（7）与人谈话时不要用手支着下巴。

(a) (b) (c) (d)

图 1-57 不适合的坐姿

（a）二郎腿；（b）"4"字形腿；（c）双手放两腿间；（d）手支着下巴

（8）入座、离座注意左侧进左侧出（如图 1-58 所示）。

图 1-58 入座、离座

（四）蹲姿

1. 蹲姿的基本要领

下蹲时左脚在前，右脚在后，向下蹲去，左小腿垂直于地面，全脚掌着地，大腿靠紧，右脚跟提起，前脚掌着地，左膝高于右膝，臀部向下，上身稍向前倾，左脚为支撑身体的主要支点，掌握好身体的重心。（如图 1-59 所示）

2. 两种蹲姿

女性有两种蹲姿：高低式和交叉式（如图 1-60 所示）。

男性主要是高低式蹲姿（如图 1-61 所示）。

3. 蹲姿的注意事项

（1）下蹲的时候要与别人保持一定的距离，以免起身时彼此相撞。

（2）不要猛蹲猛起。

图 1-59 蹲姿

图 1-60 女性蹲姿
（a）高低式；（b）交叉式

图 1-61 男性蹲姿

（3）不要面对他人或是背对着他人蹲下，应侧身蹲下。

（4）穿裙子的女士在下蹲时应注意形象，不要暴露隐私部位；女性穿着低领上装时，要用一只手护住胸口。

（五）手势

手势是人们利用手来表示各种含义时所使用的各种姿势，是人们交际时不可缺少的体态语言。

1. 手势的种类

1）垂放手势

双手自然下垂，掌心向内，叠放或相握于腹前（如图 1-62 所示）。

资源 5 手势

图 1-62 垂放手势

2）背手手势

多见于站立、行走时（如图 1-63 所示）。

3）持物手势

可用一只手，也可以用双手，拿东西时要动作自然，五指并拢，用力均匀，不要跷起无名指或者小指（如图 1-64 所示）。

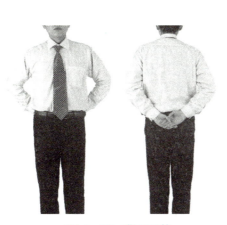

图 1-63 背手手势

图 1-64 持物手势

4）鼓掌的手势

右手掌心向下，有节奏地拍击掌心向上的左掌（如图 1-65 所示）。必要时，应起身站立。

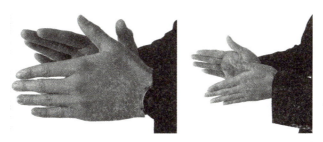

图 1-65 鼓掌手势

5）夸奖手势

伸出右手，跷起拇指，指尖向上，指腹向被夸奖的人（如图 1-66 所示）。

图 1-66 夸奖手势

2. 手势的使用

手是人体最灵活的一个部位，所以手势是体语中最丰富、最具有表现力的传播媒介，做的得体适度，会在交际中起到锦上添花的作用。

1）握手礼——单手握（如图 1-67 所示）

施礼者应距受礼者约一步的距离，两脚立正，或两脚展开成八字步，上体微前倾，目视对方，伸出右手，四指并拢，拇指张开，手掌与地面垂直；肘关节微屈抬至腰部，与对方右手相握，并上下抖动，以示亲热。

2）握手礼——双手握（如图 1-68 所示）

施礼者同时伸出双手，握住对方右手，其他与单手握相同。注意：双手握主要用于关系非常好，或者晚辈对长辈的热情握手。

图 1-67　握手礼——单手握

图 1-68　握手礼——双手握

3）递物的手势

双手为宜，不方便双手并用时，采用右手，将有文字的物品递交他人时，使字迹正面面对对方（如图 1-69 所示）。

图 1-69　递物手势

4）请的手势

五指伸直并拢，掌心斜向上方，手掌与地面呈45度角，头部和上身微向伸出手的一侧倾斜，另一只手下垂或者背在背后。面向顾客，面带微笑。（如图1-70所示）

5）指引的手势

大臂基本不动，左侧小臂提起，做象征性方位指引（如图1-71所示），适用于在车内介绍产品时使用。

图1-70 请的手势

图1-71 指引的手势

6）挥手的手势

送顾客离开展厅时，手势要小，五指自然并拢，抬起小臂挥一挥即可（如图1-72所示）。

图1-72 挥手的手势

通过课前预习，了解"仪态修养"的基本知识，掌握"仪态修养"相关礼仪等知识和技能点，并能熟练运用于职场形象设计。

扫描下方"测验二维码"进入资源库平台的在线测验页面。

在线测验

 任务实施

要全面理解"仪态修养"所涉及的基础知识,并很好地解决本项目任务中所描述的情况,建议采取如下活动开展学习和训练。

(一)仪态修养

1. 任务实施目标
掌握仪态修养礼仪的知识和技能,进行个人商务形象塑造。

2. 任务实施准备
学生着正装(职业装、皮鞋);椅子;2米高穿衣镜;筷子;书本。

3. 任务实施步骤
(1)假定自己是刘娜,与学习小组成员商讨和训练接待客户的举止和神情;
(2)学生以小组为单位,两人一组,每组分为两类角色:销售顾问和客户;
(3)每组成员展示接待首次到店客户的举止和神情。

(二)相关任务成果提交

小组课后运用角色扮演法模拟训练该场景,并拍摄微视频上传至资源库平台。

成果提交

 拓展提升

表情语积件

坐姿蹲姿积件

手势积件

站姿积件

走姿积件

项目二
汽车商务沟通礼仪

在汽车商务活动过程中，每个与客户打交道的环节都离不开沟通，离不开汽车商务沟通礼仪，良好的沟通礼仪的运用可以助推商务活动效益，更好地满足客户需求。

学习本项目达成的目标有：能够掌握"交谈沟通""通信沟通""表单沟通"任务中所涉及的礼仪要素和沟通技巧，能够和谐有效地解决和处理汽车商务来往中的问题；建立良好的人际沟通心态，以客户为上，以和谐为本；在具体工作中树立服务意识、规范意识；强化与客户的人际沟通、关系维护能力。

任务 2-1　交谈沟通

任务引入

　　汽车服务人员在与顾客打交道的过程中,交谈沟通是最重要的交流方式,直接关系到企业的形象与效益。

　　"交谈沟通"的礼仪主要包括"基本语言礼仪""汽车服务用语"。

任务描述

　　一个阳光明媚的午后,4S 店的销售顾问李明在自己的位置上办公,这时一位打扮朴素的顾客走了进来,李明赶紧去迎接顾客,"先生您好!想看什么车?"

　　"嗯,我想看看 10 万元以内的车。"

　　"那您是走对店了,我们有好几款这个价位的车,我跟您介绍一下。"

　　"好的。"

　　"您看这款是我们今年新上市的车,这款车有倒车雷达、遥控钥匙、天窗等配置,不夸张地说这是同级别车中配置最好的哦,而且价格合理,特别省油,非常适合您。"

　　客户怀疑地看着李明,"这车有那么好吗?"

　　"那当然了,我可以跟您保证,我们旁边这家 4S 店主推的款,跟我们这款根本没法比,别看价格差不多,但是无论是外观还是性能都差得太远了,凡是懂车的都买我们这款。"

　　客户听完李明的介绍,想了想转身走出了 4S 店。

　　大家分析一下并完成以下任务。

　　营销顾问李明的说话有什么问题?

　　如果是你是李明,你该如何与客户进行语言沟通?请做模拟训练,将拍摄的模拟视频上传学习平台的成果提交里。

　　通过平台互动督促学生及时完成在线学习、测验和作品提交。

项目二 汽车商务沟通礼仪

学习目标

- 专业能力
1. 正确运用日常交谈礼仪进行日常交往；
2. 正确运用汽车服务语言进行商务沟通，提高汽车服务工作能力。
- 社会能力
1. 树立服务意识、效率意识、规范意识；
2. 具有较好的人际沟通语言能力；
3. 强化人际沟通、客户关系维护能力；
4. 提高维护组织目标实现的大局意识和团队能力；
5. 加强爱岗敬业的职业道德和严谨务实勤快的工作作风；
6. 增强自我管理、自我修正的能力。
- 方法能力
1. 利用信息化平台进行自主学习的能力；
2. 制订工作计划、独立决策和实施的能力；
3. 准确的自我评价能力和接受他人评价的能力；
4. 学以致用的能力。

相关知识

一、基本语言礼仪

汽车服务人员的基本语言礼仪主要包括语言的一般要求、语言的礼貌性、语言的基本技巧。

（一）语言的一般要求
1. 发音准确
2. 声音适中
3. 语气谦和
4. 条理清晰

资源 1　礼貌用语

（二）语言的礼貌性

礼貌用语，是表示谦虚恭敬的专门用语，是获得他人好感与体谅的最为适用的约定俗成的表达方式（如表 2-1 所示）。

表 2-1　礼貌用语

类型	适用场合	列举	要求
欢迎语	迎宾	"欢迎光临××4S 店"	主动、热情、友善
请托语	请求托付	"有劳您" "请随我到收银台付一下款"	诚恳
礼赞语	与人交谈时	"先生，想不到您对汽车的了解这么专业"	把握分寸
致谢语	当他人提供服务时	"非常感谢您的理解"	真诚
致歉语	给他人带来不便、影响或损失时	"请原谅" "给您带来不便，真是对不起"	真挚、诚恳
祝贺语	交车或中奖时	"恭喜恭喜" "祝贺您拥有心仪的爱车"	热情
道别语	交谈结束、与人作别	"再见" "欢迎您下次光临，再见"	礼貌、热情

（三）有效选择话题（如表 2-2 所示）

表 2-2　有效选择话题

宜选话题	1. 既定的话题 2. 内容文明、格调高雅的话题 3. 轻松的话题 4. 时尚的话题 5. 擅长的话题
避谈话题	1. 政治、宗教等可能引起异议的话题 2. 国家秘密及行业秘密 3. 格调不高的话题 4. 个人隐私（如图 2-1 所示）

图 2-1　个人隐私五不问

资源2　安全提示用语

资源3　寒暄要点与方式

（四）学做最佳听众

聆听要用心、热心、耐心、诚心（如图2-2所示）。

图2-2　学会聆听

（五）注意提问方式

提问的方法：开放式提问、封闭式提问，服务顾问在工作中可以将两者有机结合起来，灵活使用（如表2-3所示）。

表2-3　提问的方法

开放性提问	不限制客户回答问题的答案，完全让客户根据自己的喜好围绕谈话主题自由发挥。可以用"……怎么样？""如何……""哪些……"等
封闭式提问	也叫引导式提问，它只是让对方有"是"或"不是"两种答案的选择

二、汽车服务行业用语、礼貌用语、汽车术语

销售顾问王东在4S店接待了一对年轻的夫妻，经过沟通，这对夫妻很看好店里的一款

两厢家用车,只是进入价格协商阶段,夫妻二人一致认为价格有些高,希望王东在价格上能给些优惠。经过了解,王东知道这对夫妻刚买了一套房子,目前可用资金有些紧张,于是王东向这对夫妻建议:"这款车是今年的新款,而且在配置上属于同级别车中非常先进的,售后服务价格合理,很适合家用,性价比非常高。所以目前价格上确实没有下降的空间。但是对于两位的情况,我建议两位可以采用分期付款的方式,我们4S店现在正推出一项优惠活动,一年内还清贷款可享受无息优惠,同时手续费有折扣。这种方式既解决了两位目前的资金问题,又可以提前享受拥有爱车带来的方便,您二位觉得这个方法如何?"这对夫妻听完王东的介绍,很感兴趣,最后在王东的努力下这对夫妻最终购买了该款车。

【问题】

王东在面对顾客要求价格折价时是如何做的?你觉得这么做的好处有哪些?

【分析】

在案例中,销售人员王东并没有立刻答应客户提出折价的要求,而是首先利用产品的优势和服务理念强调了价格的合理性,同时在深入沟通中了解到客户真正无法立刻购买的原因,于是向顾客推荐选择性的支付方法,以解决客户的困难,最终实现销售。由此可见,汽车服务人员要灵活掌握情况,善于综合运用语言技巧,有效实现销售。

如何说话

资源4 汽车销售情景演练

汽车服务行业用语的主要内容包括迎接顾客的语言技巧,了解顾客需求的语言技巧,处理产品卖点的语言技巧,价格谈判的技巧,以上这些内容包含于汽车销售流程之中,只有掌握了这些技巧,才能深刻理解服务接待的作用。

(一)汽车服务人员营销语言运用技巧(如表2-4所示)

表2-4 汽车服务人员营销语言运用技巧

分类	要素
迎接客户的语言	● 欢迎光临,我是销售顾问李明,这是我的名片,先生怎么称呼? ● 我能为您做些什么? ● 您想得到哪方面的信息? ● 您对哪些方面比较感兴趣? ……

续表

分类	要素
了解客户需求的语言	• 为了能够向您提供积极建议，我需要了解您的购车意愿，因此我想问您几个问题…… • 您在车型、发动机和配置方面有什么要求？ • 您现在用的是什么样的车？ • 您当时是因为什么购买了这辆车？ • 您打算买个什么价位的车？ • 您是喜欢深色还是亮色？ ……
介绍产品卖点的语言	• 该车后备箱容积是 500 升，也就是说，它装下一家三口的行李箱是没有问题的。 • 这款车的越野性能特别好，自驾游时可以应对复杂路况。 • 作为私家车，我们都注意节能省油，这款车油耗不大，尾气排放符合国家最高标准。 • 出门开车，安全最重要，这款车属于德系车，车身重心低，不容易侧翻，安全性强。 • 我明白您的感受。 ……
谈价的策略	• 价格永远不是销售的决定因素。 • 谈价格为了不陷入"价格战"，唯一的办法就是从谈"价格"转化为谈"价值"的谈判方法。 【小技巧——谈价"三部曲"】 1. 简明扼要，宣传公司和品牌； 2. 寻找客户问题的核心，由浅入深，层层深入； 3. 说出自己的与众不同。 直到完全阐明自己品牌的优势后，才可以谈到价格

（二）汽车服务人员与顾客交谈的六个注意（如表 2-5 所示）

表 2-5 汽车服务人员与顾客交谈的六个注意

序号	要素
1	要用肯定型语言取代否定型语言
2	用请求型语言取代命令型语言
3	使用问句表示尊重
4	拒绝时要将"对不起"和请求型语句并用
5	清楚自己的职权
6	让顾客自己做决定

（三）其他注意事项（如图 2-3 所示）

语调：明朗、低沉和愉快
发音：标准，字句之间要层次分明
音量：适中
语速：时快时慢，恰如其分
停顿：语句不要太长，也不要太短，懂得在何时停顿

神情：表情自然、典雅、庄重，眼睑与眉毛要保持自然的舒展。
微笑：一般露出 3~4 颗牙齿，要发自内心，不要假装。
视线：与顾客交谈时，两眼视线落在对方的鼻间，偶尔也可以注视对方的双眼。恳请对方时，注视对方的双眼。忌表情紧张、左顾右盼、眼神不定。

图 2-3 其他注意事项

在线测验

通过课前预习，了解"交谈沟通"的基本知识，掌握"交谈沟通"的相关礼仪要求等知识和技能点，并能熟练运用客服实际。

扫描下方"测验二维码"进入资源库平台的在线测验页面。

"交谈礼仪"在线测验　　　"汽车服务行业用语"在线测验

任务实施

要全面理解"交谈沟通"所涉及的基础知识，并很好地解决本项目任务中所描述的情况，建议采取如下活动开展学习和训练。

（一）交谈沟通训练

1. 任务实施目标

掌握"交谈沟通"的礼仪要素，熟练运用基本语言礼仪和汽车服务用语。

2. 任务实施准备

形式：假定自己是销售顾问，与学习小组成员商讨和训练如何与客户进行交谈沟通，采用角色扮演法在课堂上展示。

材料及场地：轿车一辆、接待吧台一张；客户洽谈区安排洽谈桌椅、汽车宣传资料、茶水；学生必须着正装（衬衣、领带、皮鞋等）。

3. 实施步骤

（1）以之前的任务案例为背景，学生以2人小组为单位进行模拟。

（2）小组要有分工：角色分配、话术设计、摄像安排。

（3）各小组上台做小组报告。

注意：汇报的同学要准备好自己的上台形象，言之有理、言之有序，注意所扮演的角色礼仪，组内一个同学摄像；其他组同学要注意倾听的礼仪，并适当做笔记，最后打分。

4. 任务评价

现场评价：师生共同完成。

5. 小组成员结合师生后面的评价

重新训练，共同完成该任务，并拍摄微视频上传至资源库平台（或空间）。

平台评价：教师依据平台成果提交进一步评价。

（二）相关任务成果提交

小组成员共同完成该任务，并拍摄微视频上传至资源库平台（或空间）。

成果提交

交谈礼仪学习积件　　汽车服务行业用语学习积件

任务2-2 通信沟通

 任务引入

在汽车商务活动中,汽车商务人员与顾客打交道时,经常会用到各种通信设备。在使用通信沟通时,不恰当的沟通语言和沟通方式会令顾客不满意。本任务中小王面临的是如何通过通信沟通来与客户沟通,以便在汽车商务活动中制胜,也就是"通信沟通"的礼仪问题。

"通信沟通"的礼仪通常包括"电话礼仪""传真礼仪""邮件礼仪""手机礼仪",这些礼节非常重要,注意心态,把握细节。

 任务描述

广汽华丰4S店的销售顾问王丽打电话给时光公司的高先生洽谈购车事务。

李助理:这是时光公司,您好!请问您找谁?

王丽:请问高先生在吗?

李助理:请问您是哪里?

王丽:我是广汽华丰4S店的销售顾问小王。

李助理:麻烦您稍等,我帮您转接。

王丽:谢谢您!

李助理:王小姐,很抱歉!高先生出去还没回来呢!请问您有什么事需要我转告他。

王丽:麻烦您帮我转告高先生,他需要的车型资料我已经发到他的邮箱里,请他回来看看有没有需要补充的地方,如果急需的话,我可以传真给他。

李助理:好的,我会转告高先生,请放心。

王丽:谢谢您!

李助理:不用客气!

王丽:再见!

大家分析一下并完成以下任务:

① 案例中销售顾问王丽使用和提到了哪些通信沟通方式?你是否会恰当地使用以上通信沟通?将自己的回答发布在学习平台成果提交里。

项目二 汽车商务沟通礼仪

② 三天后，请以王丽的身份打电话给高先生，询问他的购车意向。请做模拟训练，将拍摄的模拟视频上传学习平台的成果提交里。

③ 通过平台互动督促，及时完成在线学习、测验和作品提交。

学习目标

- **专业能力**
1. 掌握电话礼仪的要素和注意事项。
2. 掌握传真礼仪的要素和注意事项。
3. 掌握邮件礼仪的要素和注意事项。
4. 掌握手机礼仪的要素和注意事项。
5. 正确恰当地运用通信礼仪进行商务沟通，提高自己在汽车商务活动中的工作能力和效率。

- **社会能力**
1. 树立客户服务意识。
2. 提升礼仪使用规范意识。
3. 具有较好的人际沟通能力。
4. 提升口头表达展示能力。

- **方法能力**
1. 利用信息化平台进行自主学习的能力。
2. 客观准确的自我评价能力和接受他人评价的能力。
3. 反应敏捷，灵活解决问题的能力。

相关知识

在汽车商务活动中，汽车商务人员与顾客打交道过程时，经常会用到各种通信方式，本任务中我们主要学习"电话礼仪""传真礼仪""邮件礼仪""手机礼仪"，这些礼节非常重要，必须注意沟通心态，和谐为本，以企业利益和客户利益为重，把握细节，服务好客户，不能把个人情绪带入工作中，也不要因为个人声音、态度等因素影响客户心情。

一、电话礼仪

在现代社会交往中，电话是使用非常广泛的一种通信工具和沟通方式，汽车商务人员在电话接听过程中需要注意相应的礼仪要求。

资源1 电话礼仪动画

（一）接听电话礼仪

汽车服务人员在接听电话时，要按照以下礼仪规范来操作。

1. 电话铃响三声内接听并主动问好。
2. 报出经销商或部门名称和自己的姓名。
3. 身体端正，语音清晰、音量适中、语调平稳。
4. 左手拿话筒，右手做记录。
5. 确认谈话内容。
6. 必要的贴心提醒。
7. 客户挂断电话后，轻放话筒。

（二）拨打电话礼仪

1. 做好准备，拨通电话（把对方姓名、职务、谈话主要内容简要梳理出来）。
2. 主动问候，自报家门。
3. 确认对象，说明意图。
4. 亲切交谈，强调重点。
5. 礼貌结束，轻放话筒。

（三）汽车服务人员拨打电话的注意事项

1. 选择对方方便的时间

给客户打电话最好避开上班不久和临近下班的时间，也尽量不要在他人休息、用餐时间打电话。

2. 斟酌通话的内容

重要通话前，最好把对方的姓名、电话号码、通话要点等内容梳理出来。

3. 控制通话的时间和过程

一般一次通话不超过3分钟，特殊情况酌情调整，如果是投诉电话，对待客户一定要有耐心。

资源2 电话示范视频　　资源3 接听电话错误视频　　资源4 电话预约操作视频

二、传真礼仪

传真，又叫作传真电报。它是利用光电效应，通过安装在普通电话网络上的传真机，对外发送或是接收文件、书信、资料、图表、照片一种现代化的通信联络的方式。

传真的礼仪要求有：

1. 传真的完整性
作为汽车商务人士在发送传真时,应检查是否注明了本公司的名称、发送人的姓名、发送时间以及自己的联络电话等。

2. 传真的清晰度
避免发送后出现内容看不清的情况。

3. 传真内容的限制性
注意传真一般不适用于页数较多的文件。

4. 传真的使用时间
注意尽量不要将发送时间设定在下班后或占用别人的线路。

5. 传真的回复
发送方应尽快与收件人取得联系,确认其是否收到传真;收到传真方也应给予及时回复。

因此,汽车服务人员在通信沟通中,需要学会传真操作,在操作中注意传真礼仪。

资源5　传真发送视频

三、电子邮件礼仪

电子邮件,又称电子函件或电子信函,它是利用电子计算机所组成的互联网络进行沟通的方式,既安全保密、节省时间,又不受篇幅的限制,清晰度极高,而且还可以大大地降低通信费用。

案例:

汽车4S店销售员小刘给客户写的一封电子邮件:"张先生,您好。我是××汽车4S店销售员小刘,冒昧打扰,敬请谅解。我公司新到一批车,如果有需求,请联系。"

分析:

此邮件没有主题,没有落款,没有联系电话,属于无效邮件。

(一)撰写与发送电子邮件礼仪

1. 脱机状态下撰写,并保存于发件箱中,然后一次性发送。
2. 利用网络办公时所撰写的必须是公务邮件,不得外泄本单位邮箱地址。
3. 地址板上撰写时,应准确输入对方邮箱地址,并简短写上邮件主题(如图2-4所示)。
4. 消息板上撰写时,应遵照普通公文所用的格式和规则。篇幅不可过长。邮件用语要礼貌规范,以示尊重。撰写英文邮件时不可全部采用大写字母。
5. 不可随便发送垃圾邮件。
6. 不可发送涉及机密内容的邮件,不得将本单位邮箱的密码转告他人。

(二)接收与回复电子邮件礼仪

1. 定期打开收件箱,查看有无新邮件,以免遗漏或耽误重要邮件的阅读和回复。
2. 及时回复公务邮件(如图2-5所示)。一般应在收件当天予以回复。若涉及较难处理的问题,可先电告发件人已经收到邮件,再择时予以具体回复。

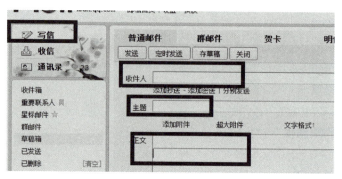

图 2-4　发送电子邮件

3. 若因公务等原因未能及时打开收件箱查阅和回复时,应迅速补办,尽快回复,并向对方致歉。

4. 不要未经他人同意向对方发送广告邮件。

5. 发送较大邮件需要先对其进行必要的压缩。

6. 尊重隐私权,不要擅自转发别人的私人邮件。

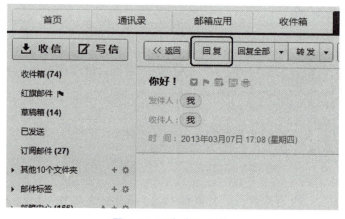

图 2-5　回复电子邮件

资源 6　微信礼仪动画

四、手机通信礼仪

1. 安全使用手机

使用手机时,对于有关的安全事项绝对不可马虎大意,在任何时候,切忌在使用时有碍自己或他人的安全。

注意：如图2-6所示，按照规定，在驾驶车辆时，不宜忙里偷闲，同时使用手机通话，以免发生交通事故。

图2-6　驾车中不得接打电话

2. 文明使用手机

商务礼仪规定，在公共场所活动时，商务人员尽量不要使用手机；当其处于待机状态时，应使之静音或转为振动；切勿旁若无人地大声喧哗（如图2-7所示）。

图2-7　接听手机不得大声喧哗

3. 规范放置手机

手机不过是通信工具，不能视之为值得炫耀的装饰品。应当将其放置在适当之处。按照惯例，外出随身携带手机的最佳位置，一是公文包里，二是上衣口袋内。

 在线测验

通过课前预习，了解"通信沟通的重要性"，掌握"通信沟通礼仪的内容"、把握"通信沟通的礼仪注意事项"等知识和技能点，并能熟练理

资源7　在线测试

解客户心理，做到有效沟通。

扫描"在线测试二维码"进入资源库平台的在线测验页面。

资源8 短信礼仪
在线测试

资源9 电子邮件礼仪
在线测试

资源10 传真礼仪
在线测试

资源11 微信礼仪
在线测试

任务实施

要全面理解"通信沟通"所涉及的基础知识，并很好地解决本项目任务中王丽所遇到的情况，建议采取如下活动开展学习和训练。

（一）电话礼仪

1. 任务实施目标

汽车服务人员经常会使用到电话沟通，恰当合适的通信沟通往往能够令顾客满意，起到锦上添花的效果。本次任务的训练旨在让学生提升人际沟通意识、规范意识，掌握"接打电话礼仪"并能熟练运用到汽车商务活动中去。

2. 任务实施准备

形式：假定自己是销售顾问王丽，与学习小组成员商讨和训练如何与客户进行电话沟通，并采用角色扮演法在课堂上展示。

材料及场地：接待吧台一张；固定电话一台；文件夹；客户档案资料；记录夹；汽车宣传资料；计算器；学生必须着正装（衬衣、领带、皮鞋等）。

3. 任务实施步骤

（1）学生以小组为单位汇报，两人一组，每组分为两类角色，销售顾问和客户。

（2）扮演销售顾问的同学要注意自己的电话礼仪，要注意言辞应对，必须以客户需求为中心，既有服务性，又不失推销性。

一组在前边表演时，其他组要认真看，仔细听，并适当做笔记，最后打分。此活动主要是为了训练同学们"捕捉细节"的能力，即敏锐的观察力，同时注意倾听的礼仪。

4. 任务评价

现场评价：师生共同完成。

5. 提交成果

小组成员结合师生后面的评价重新训练，共同完成该任务，并拍摄微视频上传至资源库平台（或空间）。

平台评价：教师从平台成果提交情况进一步评价。

（二）相关任务成果提交

小组成员共同完成该任务，并拍摄微视频上传至资源库平台（或空间）。

成果提交

拓展提升

面对面沟通与电话
沟通的区别视频

电话沟通动画

微信礼仪动画

任务 2-3 函单沟通

任务引入

汽车服务人员在工作沟通过程当中,离不开函单沟通。关于函单沟通,我们主要学习两个方面的礼仪,即商务信函文书礼仪和表单使用礼仪。

请根据商务请柬写作格式和要求完成两个任务。

1. 写作一份给客户的商务请柬,注意书面沟通礼仪和语气,提交在资源库学习平台。
2. 完成与客户的函单沟通并做汇报。

任务描述

任务 1:请柬写作

一汽大众 4S 店将于 12 月参加车展,届时将有很多优惠政策,你作为一个营销顾问,请拟一封商务请柬发给所有来向你咨询过购车事宜的意向客户。

任务 2:工作表格运用

你成功卖出了一辆车,这个当中需要与对方填写哪些表格?填写时基本的沟通礼仪有哪些?请进行角色模拟,完成表单沟通的过程。

请同学们将请柬截图和表单沟通的视频上传到学习平台。

学习目标

● 专业能力

1. 掌握商务信函文书的基本格式和一般写法,能够要素齐全规范地写作商务请柬。
2. 能够在表单使用的过程中体现沟通礼仪。

- 社会能力
1. 具有灵活应对事件的能力。
2. 具有较好的书面表达、借物达意的能力。
3. 具有人际沟通、客户关系维护能力。
4. 树立服务客户意识和礼仪规范意识。
5. 具备小组协同学习能力。
- 方法能力
1. 提高利用信息化平台、查询资料的方式完成任务进行自主学习的能力。
2. 加强准确的自我评价能力和接受他人评价的能力。
3. 提升解决实际问题的能力。

一、汽车商务信函

汽车服务人员在工作沟通过程中，离不开使用商务信函文书。商务信函文书是指在日常的商务往来中用以传递信息、处理商务事宜以及与客户联络和保持沟通关系的信函文书。关于商务信函文书主要学习三个内容。

（一）商务信函的写作要求

商务信函文书的写作要求主要如图2-8所示。

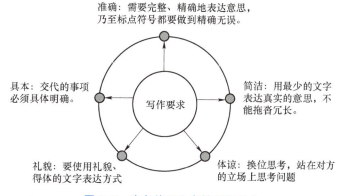

图2-8 商务信函文书的写作要求

汽车服务人员在行文过程中要有以上的行文意识，才能达到和谐的沟通效果。

（二）商务信函的一般格式

商务信函一般由标题、称呼、正文、结尾、落款等5个部分组成（如表2-6所示）。

表2-6　商务信函的一般格式

结构	内　　容	要　　求
标题	标题写明事项与文种	一般居于信函首页首行中间
称呼	顶格写明被邀请者（单位或个人）的名称	称呼单独占行，后加冒号
正文	正文是信函的主要部分，叙述主要事项和实际问题	内容明确、具体
结尾	写上礼节性问候语或恭候语，如"致以——敬礼""顺致——崇高的敬意""敬请——光临"等	一两句话，简单精练
落款	要署上发函人（单位或个人）的名称和日期	发函人写在结尾后另起一行的偏右下方位置，日期写在署名的下一行相应位置，加盖公章时要骑年盖月

（三）请柬

下面选择"请柬"这个文种来讲一讲其特点和写法。

请柬又可以称作请帖，是为邀请宾客（个人或集体）参加某项活动时所使用的一种书面形式的通知。

1. 请柬的特点

请柬从内容到形式都极富礼仪特征，因而也就具有浓重的传统文化色彩。

请柬的特点如图2-9所示。

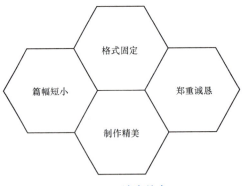

图2-9　请柬特点

2. 请柬的封面与内页

请柬的封面一般以红色、蓝色为主色调，画面简单整洁、庄重（如图2-10所示）。

图 2-10 请柬封面

请柬的内页一般有"诚挚邀请"的字样,请柬的文字内容一般置于内页(如图 2-11 所示)。

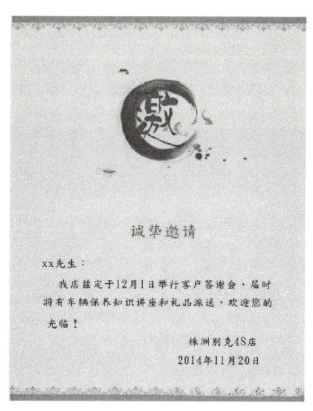

图 2-11 请柬内页

3. 撰写请柬的基本礼仪要求

（1）外观上，讲究美观大方。

（2）文字上，用语简洁、明确、庄重、典雅，表意周全，符合"达、雅、礼"的要求。

（3）请柬要提前发出，以便被邀请人有足够的准备时间。

（4）请柬写好后，一般应放在信封里，派专人送去，也可直接邮寄给被邀请者。

汽车服务人员在日常工作中使用"商务信函文书"的时候并不是很多，但随着工作内容的深入和管理层面工作内容的拓展，必然会涉及商务文书的撰写与运用，应在学习中多留意多练习。

资源1　商务信函视频

资源2　商务文书案例

二、表单沟通

（一）汽车营销顾问工作涉及的表格

1. 车型资料

车型资料是一种列出某款汽车主要指标参数的资料，通常也称型录。当顾客初步选定车型后，销售顾问通常会向顾客递上车型资料。（如图2-12、图2-13所示）

图2-12　型录封面

项目二 汽车商务沟通礼仪

图2-13 型录内页

2. 报价单

报价单是汽车销售公司在客户选中车型后,给客户进行预算时提供的一种表单,通过该表客户非常清晰地了解自己购买该车需要支付的细目与费用(如图2-14所示),以此衡量自己的购买力,做出购买决策。

3. 试乘试驾协议书

在汽车销售流程中一般安排有试乘试驾环节,但试驾事故屡见不鲜,一次次给汽车销售行业敲响了警钟,鉴于此,汽车4S店除了要求客户拥有一定驾龄外,必须签署一份试乘试驾协议(如图2-15所示)。

****汽车销售公司

报价单

填表日期： 年 月 日
销售顾问： 手机：

	购买车型			颜色		台数	
应付款	车价			装饰件			
	购置附加费			序号	项目	数量	单价	总价
	上牌照费			1	真皮座椅			
	保险费			2	地板革			
	改装、装饰费			3	挡泥板			
				4				
	合计①			5				
应付预订金②				6				
余款	合计①-②			7				
	现付			8				
	按揭			9				
各种税费	购置附加税			10				
	车船使用税				合计		
	养路费				按揭		
	上牌相关手续费				车价		
					首付比例		
	购置税费合计				首付款		
保险明细	第三者责任				贷款余额		
	车辆损失险				按揭年限		
	全车盗抢险				利率		
	车上人员责任险				月均还款		
	车身划痕险				总利息		
	玻璃险			备注：			
	自燃险						
	不计免赔险						
	保险费合计						
			谢谢！祝您购车愉快！				

图 2-14 报价单

****汽车销售公司
试乘试驾的文件准备
《试乘试驾客户协议书》（范本）

试乘试驾客户协议书

一汽-大众特许经销店名称：_____

试驾车型：_____

本人于___年___月___日在****汽车特许经销店（_____）自愿参加_____车型的试驾活动，特作以下陈述与声明：
1. 本人保证在试驾过程中严格遵守交通法规以及本次试驾活动要求；
2. 完全服从经销店的指挥和安排，安全、文明驾驶；
3. 如因本人违背上述声明或者非所驾车辆之瑕疵的其他原因
① 给本人或他人造成了人身伤害或损失
② 给所试驾车辆造成了损伤
③ 给其他车辆或道路、场地等设施造成损失，超出保险公司赔付的部分
将皆由本人承担全部责任，与经销店无关。
试驾人已阅读并理解了以上内容。   试驾人签字：_____   年 月 日
                                   驾驶证号码：_____
                                   联系电话：_____

图 2-15　试乘试驾协议书

4. 购车合同

购车合同是购车人与经销商签订的正式购销合同，是保证经销商与消费者双方权益的一个依据（如图 2-16 所示）。

购 车 合 同

合同编号：No.0000290
甲方：_____
乙方：_____

依据《中华人民共和国合同法》及其他有关法律法规的规定，甲、乙双方在平等、自愿、协商一致的基础上，就汽车买卖的有关事宜订立本合同。

第一条　汽车名称、数量及价款（下文中货币单位：人民币 元）

汽车品牌		车身颜色	
型号规格		车辆购置税	
数量（台）		保险费	
整车价格		上牌费	
		车船税	
合计总价：大写		小写	

以上代收费用为预售金额，最终凭票结算多退少补，若甲、乙双方约定以上述合计总计为最终结算价，则不再凭票结算，不多退少补。

第二条　定金
双方约定：本合同签订时，甲方应向乙方支付定金_____元，大写_____。
乙方交货后，定金抵做车款。因甲方违约导致合同解除的，甲方无权要求乙方返还定金。

第三条　付款方式
1. 一次性付款方式。___年___月___日前，支付全部车价款计人民币_____元，大写_____。

图 2-16　购车合同

2. 分期付款方式：贷款金额_____年限_____，甲方必须在签订本合同时，付清首付金额人民币_____元，大写_____。

第四条 质量

1. 乙方出售的车辆，质量应符合国家关于汽车产品的强制性标准，没有强制性标准的，应符合保障人身财产安全的要求，并达到产品说明书载明的技术指标，符合车辆落籍地有关部门关于尾气排放的标准。

2. 乙方出售的车辆，必须是经国家有关部门公布、备案的汽车产品目录上标明的产品或合法进口的产品，并能通过公安交通管理部门的检测，可以上牌行驶的汽车。

3. 双方对车辆是否存在质量问题有争议的，依据法律法规或者直观观察等日常生活经验能够直接确认的事实，可以直接作为判定问题的依据；需要进行鉴定的，以具有法定资质的汽车检验机构出具的书面鉴定意见为准，鉴定费由主张方垫付，由责任方承担；经鉴定无法明确责任的，由双方分担。

第五条 交车时间与地点、交付及验收方式

1. 交车时间：_____年_____月前。
2. 交车地点：乙方展厅。
3. 乙方应在交车时当场演示、检查车辆的基本使用功能，配合甲方对车辆进行验收。甲方应对车辆外观和基本使用功能等进行认真检查和确认，签完字视同认可。甲方如有异议应当场向乙方提出，由双方进行确认，甲方要求自提驾驶所购的未上保险新车，所产生的一切责任后果由甲方自负。
4. 乙方将车辆交由甲方并向甲方交付随车文件时，双方应签订《车辆交接书》（附件一），即视为该车辆正式交付，自车辆正式交付之日起，该车辆的所有权风险责任由甲方承担。

第六条 售后服务

1. 车辆售后服务及保修参照生产厂商关于车辆的说明书和保养手册执行。
2. 乙方应提供由生产厂商认定的两家以上的维修保养网点供甲方选择，在保修期内车辆出现质量问题或需要保养，甲方应在生产厂商公布或双方约定的维修站进行修理和保养。
3. 甲方使用车辆前应仔细阅读车辆说明书、用户使用手册或保修手册等相关资料，在保修期内车辆由于甲方或第三方的人为破坏、使用、保养不当，装潢、改装不当，或到生产厂商认定范围以外的修理点进行修理造成的质量问题，乙方不承担责任。
4. 生产厂商的车辆说明书和保养手册的内容与国家有关规定相抵触的，按国家有关规定执行。
5. 本合同签订后，国家出台有关汽车产品修理更换退货或车内空气质量等方面规定的，双方按国家规定执行。
6. 生产厂商的正式承诺比本合同的约定更有利于甲方的，双方按生产厂商的承诺执行。

第七条 违约责任

1. 乙方因车辆生产厂商生产原因造成颜色、车型供应不及时导致乙方未按时交付车辆的，乙方不承担任何违约责任，乙方保证下月货源中优先供应甲方。因乙方延迟超过三个月，视为乙方违约，乙方按甲方所缴定金金额以银行同期活期存款利率支付甲方违约金，合同无法继续履行的乙方退还定金。

2. 因甲方未按时约定支付车价款的，超过叁日的，视为甲方违约，或者因甲方其他原因的违约导致合同解除的，乙方有权解除合同，并要求甲方按相当于全部车价款的20%支付违约金或甲方支付的定金不予退还。

3. 甲方在使用后发现车辆不符合说明书中的表现的质量标准，乙方有义务协助甲方向生产厂商异议。

4. 乙方因不可抗力不能履行合同时，应及时向甲方通报不能履行或不能完全履行的理由，允许延期履行或者不履行合同，并根据情况可部分或全部免除责任，并应在10日内协商提供处理方式。

第八条 其他约定

甲方委托乙方代为办理□保险　□上牌□缴纳购置税　□装潢等业务（在□中打√或×）。

第九条 解决争议的方法

甲、乙双方在履行本合同过程中发生争议，双方应协商解决，协商不成的，依法向乙方所在地人民法院提起诉讼。

第十条 生效

本合同自双方签字或盖章之日起生效，本合同壹式贰份，甲、乙双方各执壹份、双方自愿签字后生效。
本合同不得转让、抵押或典当。

甲方：（签字/盖章）　　　　　　　　　　　　乙方：
身份证/组织机构代码证号：　　　　　　　　　签字/盖章：
电话：　　　　　　　　　　　　　　　　　　　电话：
日期：　　　　　　　　　　　　　　　　　　　地址：
　　　　　　　　　　　　　　　　　　　　　　销售经理签字确认：
　　　　　　　　　　　　　　　　　　　　　　日期：

图2-16　购车合同（续）

5. 购车发票

购车发票不仅是客户的购车付款凭证（如图 2-17 所示），也是到车管所上牌以及其他相关手续的必备资料之一，对于客户来说非常重要。

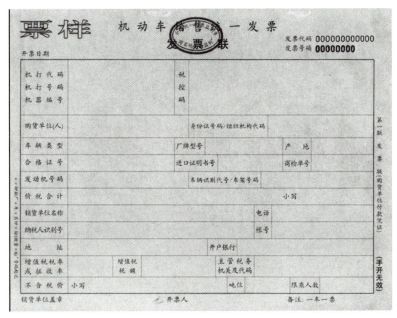

图 2-17　购车发票

（二）工作表格使用礼仪

1. 表单递送

当需要使用工作表单时，营销顾问需要主动出示表单，双手递送给客户并正面朝向客户（如图 2-18 所示）。

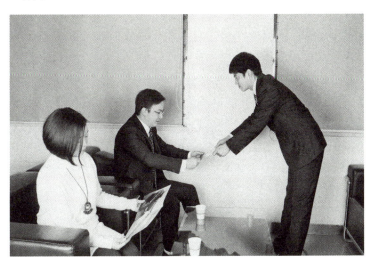

图 2-18　表单递送

2. 表单介绍

客户接到表单之后,营销顾问应位于客户左边,伸出手掌,躬身前倾,根据客户需要了解的内容或客户提出的问题进行有效介绍,使其明确相关内容(如图2-19所示)。

图2-19 表单介绍

3. 表单填写

向客户介绍相关车辆内容之后,在填写信息时有两种情况。

(1)对于需要营销顾问填写的表格,要认真、工整、准确地填写,需要计算的一定要计算精确。

(2)对于需要客户填写的表格,一定要礼貌地邀请对方填写;主动拿出签字笔并拔下笔帽,注意笔尖不要指向客户,双手递上;耐心指导对方填写,比如购车合同签字的位置明示等,注意手势和语言的运用。

4. 表单确认

重要的工作表格在签完之后一定要检查,并与对方确认,整理好、存放好;交付给客户的重要资料或表单一定提醒客户也要妥善保管。

资源3 函单沟通示范视频　　资源4 表单沟通示范视频　　资源5 表单沟通模拟视频

通过课前平台学习,了解"函单沟通的基本礼仪",掌握"函单沟通的基本步骤"等知

识和技能点,并能实现与客户的良性互动。

扫描右侧"在线测试二维码"进入资源库平台的在线测验页面。

在线测试

要全面理解"函单沟通"所涉及的基础知识,并很好地解决本任务中所描述的问题,建议采取如下活动开展学习和训练。

(一)函单沟通

1. 任务内容

(1)商务请柬的制作。

(2)表单沟通的礼仪运用。

2. 任务实施目标

掌握商务请柬的一般制作方法,能够要素齐全规范地写作商务信函请柬;能够在运用工作表格的过程中体现表单沟通礼仪。

3. 任务实施准备

形式:假定自己是销售顾问,与学习小组成员商讨和训练如何完成两个任务。

材料及场地:轿车一辆;客户洽谈区安排洽谈桌椅;文件夹;客户档案资料;名片;签字笔;记录夹;汽车宣传资料;发票;茶水;计算器;学生必须着正装(衬衣、领带、皮鞋等)。

4. 实施步骤

(1)阅读课前的任务情景,每个同学完成一份商务请柬的制作;再以小组为单位,分角色完成一份表单使用的礼仪沟通模拟训练。

(2)小组完成任务时要有分工:角色分工、话术设计、摄像安排。

(3)各小组派代表上台做两个任务的汇报。

注意:汇报的同学要准备好自己的上台形象,言之有理,言之有序,注意展示的言行举止礼仪,组内派一名同学摄像;其他组同学要认真看,仔细听,并适当做笔记,最后打分,注意倾听的礼仪。

5. 任务评价:现场师生共同评价

6. 提交成果

根据师生评价意见再做调整,重新拍摄,将最好效果的微视频上传至资源库平台(或空间）。教师从平台成果提交情况进一步评价。

（二）相关任务成果提交

小组成员共同完成该任务，并拍摄微视频上传至资源库平台（或空间）。

成果提交

拓展提升

解释清单（错误）

维修结算（错误）

项目三

汽车商务接待礼仪

在汽车商务活动过程中,无论是汽车营销顾问、汽车售后服务顾问、汽车保险专员、汽车配件专员等工作岗位,在接待顾客或者客户的工作中都会涉及汽车商务接待礼仪。

学习本项目达成的目标有:

能够掌握"亲切迎客""热情待客""礼貌送客"接待环节中所涉及的礼仪要素和注意事项,能够大方得体地完成客户接待工作;在具体工作中树立服务意识、规范意识;强化与客户的人际沟通、客户关系维护能力。

本项目主要以营销顾问岗位的商务接待工作来讲。

任务 3-1 亲切迎客

任务引入

客户进店,如何迎接客户非常重要,如何让客户感觉宾至如归,必须做到热情、亲切地接待,尤其要注意迎接客户的各项礼仪要素。

任务描述

刘明明大学毕业后,应聘到 HR 汽车销售服务公司担任销售助理,上班第一天,他接到一男性客户打电话到公司预约时间看车。刘明明在电话沟通中了解到该顾客姓李,孙子要上小学了,家里与学校距离约有 8 公里,为了节省时间,打算购买一台 10 万元以下的紧凑型车辆接送孙子上学和放学。双方约定第二天上午 9 点来公司,同时该客户将携夫人前来看车。

刘明明放下电话之后,喜中有忧。喜的是刚上班就能接到客户看车的电话,忧的是一下子不知道该怎么迎接该客户。如果你是刘明明,你将如何迎接该客户?

(1)请对任务具体情景进行分析,模拟训练刘明明迎接客户的过程,并将拍摄的微视频上传到微知库学习平台。

(2)通过平台互动督促学生及时完成在线学习、测验和作品提交。

学习目标

● 专业能力

1. 能够做好展厅来宾接待的准备工作。

2. 能够大方得体地迎候客户。

3. 能够熟练掌握"鞠躬礼""称谓礼""引导礼""介绍礼""名片礼""握手礼"等汽车商务接待礼仪的知识和动作点,并恰当运用。

- 社会能力
1. 树立服务客户意识和礼仪规范意识。
2. 强化人际沟通能力。
3. 具有解决问题完成任务的自信心。
4. 具备小组协同学习能力。
- 方法能力
1. 提高利用信息化平台、查询资料的方式完成任务进行自主学习的能力。
2. 提升制订工作计划、独立决策和实施的能力。
3. 提升仿真模拟展示表达汇报的能力。
4. 加强准确的自我评价能力和接受他人评价的能力。

一、迎接顾客准备

为了更好地服务客户，汽车销售人员每天上班后必须做好接待准备工作。

（一）保持销售展厅的整洁、明亮、美观

要对洽谈区、顾客休息区、儿童休息区环境进行归位和整理，使物件摆放整齐。

（二）展厅车辆的摆放与美观

要求车辆摆放在规定展示的位置；车轮上的LOGO位置端正；在擦车时注意选用细纤维、不掉色、不脱毛、不留划痕、吸水性强的毛巾，按照先内后外、先上后下的顺序擦拭。

（三）接待物品的齐备

准备的物品有：名片、计算器、水性笔，尤其是营业前要备妥如下销售资料，如车型目录、保险资料、价格表、竞争车型资料、客户信息卡、优惠活动资料、硬碟资料等，以便随时准备解答顾客提出的相关问题。

（四）个人形象的整理

销售顾问在上班之前是要求做好个人形象礼仪的，但在上班过程中也要注意自己仪容仪表的整束，以阳光开朗的精神面貌迎接顾客。

资源1　接待准备示范视频

资源2　展厅接待流程动画

二、迎候礼仪

（一）鞠躬礼

鞠躬礼是汽车商务人员在4S店汽车展厅常用的礼节，表示对来到汽车展厅顾客的欢迎和敬意。汽车商务人员得体的鞠躬能够体现品牌意识、展现商务人员的职业素养。鞠躬时要求汽车商务人员应从心底发出向对方表示感谢和尊重的意念，进而体现在行动上，给顾客留下诚恳、真实的印象。

1. 鞠躬的动作要领

行鞠躬礼时要面对顾客，双脚并拢，视线由顾客的脸上落至自己的脚前1.5米左右（15°礼）或脚前1米处（30°礼）（如图3-1所示）。男士双臂自然夹在身体的两侧，女士双手合起自然放在体前。

鞠躬时腰部挺直、脚跟靠拢、双脚尖处微微分开，以髋关节为轴，上身缓缓向前弯曲。

15°鞠躬礼

30°鞠躬礼

90°鞠躬礼

图3-1 鞠躬礼

2. 鞠躬的种类与话术（如表3-1所示）

表3-1 鞠躬礼的种类与话术

15°鞠躬	一般适用于顾客来到展厅时，或者是为顾客去取相关资料时使用。15°鞠躬时汽车商务人员的话术是"您好"或"请您稍等"
30°鞠躬	30°鞠躬时汽车商务人员的话术是"欢迎再次光临4S店展厅""谢谢您""请您慢走"
45°鞠躬	一般适用于顾客来到展厅，汽车商务人员提供交车服务时使用。行45°鞠躬礼时汽车商务人员的话术是"很感谢您"；或者是顾客不满意服务、产品质量时汽车商务人员使用45°鞠躬话术是"对不起""非常抱歉"
90°鞠躬	一般适用于老顾客再次来到展厅选购汽车或者是带来新朋友时使用，行90°鞠躬时表示对顾客更深度的谢意，汽车商务人员的话术是"十分感谢您"；或者是顾客不满意产品质量和售后服务来到4S店投诉时，汽车商务人员使用90°鞠躬，话术是"为给您带来的不便深表歉意"

3. 鞠躬礼需要注意的问题

（1）汽车商务人员在行鞠躬礼时首先要根据情况需要选择鞠躬的形式。

（2）鞠躬时还需要注意眼睛往下看，不要一直注视对方。

（3）行礼起来后，注意对方2秒之后要转移眼神，不要一直盯着顾客，这样既不礼貌，又会使顾客不知所措。同时，也要避免鞠躬时不看顾客的情况，这样给顾客以敷衍了事的感觉。

（4）鞠躬要脱帽，戴帽子鞠躬是不礼貌的。

（5）鞠躬时嘴里不能吃东西或叼香烟。

（6）倒背双手的鞠躬，会给顾客留下不真诚的印象。

资源3 鞠躬礼动作示范视频

（二）称谓礼

在某4S店上班的王先生与公司门卫的关系处得好，平时进出公司大门时，门卫都对王先生以王哥相称，王先生也觉得这种称谓很亲切。这天王先生陪同几位来自香港的客人一同进入公司，门卫看到王先生一行人，又热情地打招呼："王哥好！几位大哥好！"谁知随行的香港客人觉得很诧异，其中有一位还面露不悦之色。

为什么门卫平时亲切的称谓，在这时却让几位香港客人诧异甚至不悦？门卫的称谓有何不妥，应该如何称谓？

称谓是一种友好的问候，是人际交往的"开路先锋"。正确、适当的称谓如同人际关系的润滑剂，将有利于双方的进一步沟通交往。同时，它反映出好恶、亲疏等情感，是一个人的修养、见识的完全表现，甚至还体现着双方关系发展所达到的程度和社会风尚。合适的称谓一方面表达出对他人的尊重，另一方面也表现出自己的教养和礼貌。

1. 称谓方式

称谓方式有职务性称谓、职称性称谓、学衔性称谓和行业性称谓，不同称谓应用场合及注意事项如表3-2所示。

表3-2 称谓方式

称谓方式	说明
职务性称谓	这种情况多用于工作中谈论公事之用，而在日常生活或其他场所很少使用。以职务相称，有下列三种情况。 （1）以交往对象的职务相称，如"部长""经理""主任"等，以示身份有别、敬意有加，这是一种最常见的称谓。 （2）在称谓职务前加上姓氏，如"刘处长""王委员"，显示了说话人对对方身份的熟知和地位的肯定。 （3）在职务前加上姓名，如"×××市长"，这仅适用于极其正式的场合

续表

职称性称谓	对于具有职称者,尤其是具有高级、中级职称者,在工作中直接以其职称相称。以职称相称,也以下列三种情况较为常见。 (1)仅称职称,如"教授""律师""工程师"等。 (2)在职称前加上姓氏,如"李编审""孙研究员"。有时,这种称谓也可加以约定俗成的简化,如可将"张工程师"简称为"张工"。但使用简称应以不发生误会、歧义为限,如将"范局长"简称为"范局",易使人理解成"饭局"。 (3)在职称前加上姓名,适用于十分正式的场合,如"王文教授""杜锦文主任医师""郭朗主编"等
学衔性称谓	在工作中,以学衔作为称谓,可增加被称谓者的权威性,有助于增强现场的学术气氛。称谓学衔,有四种情况使用最多,分别是: (1)仅称学衔,如"博士"。 (2)在学衔前加上姓氏,如"杨博士"。 (3)在学衔前加上姓名,如"劳静博士"。 (4)将学衔具体化,说明其所属学科,并在其后加上姓名,如"史学博士周燕""法学学士刘丽珍"等。此种称谓最为正式
行业性称谓	在工作中,有时可按行业进行称谓。它具体又分为两种情况。 (1)称谓职业,即直接以被称谓者的职业作为称谓。例如,将教员称为"老师",将专业辩护人员称为"律师",将会计师称为"会计"等。在一般情况下,在此类称谓前,均可加上姓氏或姓名。 (2)称谓"小姐""女士""先生"。对商界、服务业从业人员,一般约定俗成地按性别的不同分别称谓为"小姐""女士"或"先生"。其中,"小姐""女士"两者的区别在于:未婚者称"小姐",已婚者或不明确其婚否者则称"女士"

2. 称谓禁忌

在使用称谓时,一定要回避以下几种错误的做法,否则,会失敬于人。

1)使用错误的称谓

使用错误的称谓,主要在于粗心大意,用心不专。常见的错误称谓有两种。

误读:一般表现为念错被称谓者的姓名。比如"郇""查""盖"这些姓氏就极易弄错。要避免犯此错误就要做好前期准备,必要时,虚心请教。

误会:主要指对被称谓的年龄、辈分、婚否以及与其他人的关系做出了错误判断,比如,将未婚女性称为"夫人",就属于误会。

2)使用过时的称谓

有些称谓,具有一定的时效性,一旦时过境迁,若再采用,难免贻笑大方。比方说,在我国古代,对官员称为"老爷""大人"。若全盘照搬过来,就会显得滑稽可笑,不伦不类。

3)使用不通行的称谓

有些称谓,具有一定的地域性,比如,北京人爱称人为"师傅",山东人爱称人为"伙计",中国人经常把配偶称为"爱人"。但是,在南方人听来,"师傅"等于"出家人","伙计"肯定是"打工仔",而外国人则将"爱人"理解为进行"婚外恋"的"第三者"。可见其含义真是"南辕北辙",误会太大了。

4）使用不当的行业称谓

学生喜欢互称为"同学"，军人经常互称"战友"，工人可以称为"师傅"，道士、和尚可以称为"出家人"，这都无可厚非，但以此去称谓"界外"人士，并不表示亲近，会令对方反感。

5）使用过分亲密或随意的称谓

在人际交往中，有些称谓在正式场合切勿使用。例如"兄弟""朋友""哥们儿""姐们儿""磁器""死党""铁哥们儿"等一类的称谓，就显得过分亲密，让人反感。而逢人便称"老板"，也显得不伦不类。

6）使用绰号作为称谓

对于关系一般者，切勿自作主张给对方起绰号，更不能随意以道听途说来的对方的绰号去称谓对方。至于一些对对方具有侮辱性质的绰号，例如，"北佬""阿多""鬼子""鬼妹""拐子""秃子""罗锅""四眼""肥肥""傻大个""柴火妞""北极熊""黑哥们""麻秆儿"等，更应当免开尊口。另外，还要注意，不要随便拿别人的姓名乱开玩笑。要尊重一个人，必须首先学会去尊重他的姓名。每一个正常人，都极为看重本人的姓名，而不容他人对此进行任何形式的轻贱。

总之，称谓是交际之始，交际之先。对于汽车商务人员来说，要本着尊重的思想运用称呼，慎用称谓、巧用称谓、善用称谓，将使你赢得别人的好感，有助于你的人际沟通顺畅地进行。

3. 称谓应注意的事项

（1）称谓要看对象

与多人见面打招呼时，应遵循先上级后下级、先长辈后晚辈、先女士后男士、先疏后亲的礼遇顺序进行。

同事之间的称谓也有一定的讲究。一般来说，在开会、工作等场合，直接称谓其职务、职业。还可以采用"姓+职务、职业称谓"，如"李经理"；"名+职务"、职业称谓，如"小平主管"；"姓名+职务、职称称谓"相称，如"张菲教授"。

一般年龄较大、职务较高、辈分较高者对年龄较轻、职务较低、辈分较小者称谓姓名；相反，年龄较轻、职务较低、辈分较小者对年纪较大、职务较高、辈分较高者称谓姓名是没有礼貌的。

在所有称谓中，最亲切、最随便的一种称谓是不称姓而直呼其名，但只限于长者对年轻人，老师对学生，或关系亲密的个人之间。

对不同性别的人应使用不同的称谓，对女性可以称"女士""姑娘"等，对男性可称"先生""师傅"等。

（2）称谓要看场合

一般情况下，人们对对方的称谓都是与其环境相对应的正式称谓。例如，某4S店有一位姓刘的经理,下级向他汇报工作时称他"刘经理",同事和他交往时称"老刘",年轻人在车间里称他"刘师傅",朋友在与他交往时称其"刘大哥",在家妻子称他为"当家的"。

（3）称谓和身份、修养有关

能否恰当地称呼对方还跟一个人的文化修养有关。作为汽车商务人员应该不断提高自身修养，学会恰当地称呼对方。

资源4 称谓礼示范视频

（三）引导礼

引导指的是汽车商务人员在接待来宾时，为之带路，或是陪同对方一道前往目的地（如图3-2所示）。

1. 引导要点

汽车商务人员在对来宾进行引导时，需注意几点：

（1）保持一致性

在两人以上引导时，可以用眼睛的余光去找齐，切忌左顾右盼，如遇突发状况，要学会灵活处理。

图3-2 引导礼

（2）行走速度

引导宾客时，需注意行走的速度，在宾客的侧前方2～3步，随着宾客的步伐而保持适当的行走速度，不可离得太远，亦不可离得太近。

（3）手势

指引手势在几步远的情况下，需一直保持手势；如果距离远，可以在最开始的时候示意，行走的时候，就可以正常行走，在转弯处需用手势告知，到位后，需再次示意；在引导就座时，手位要放低。

2. 引导手势种类和使用

手势是汽车商务人员经常使用的肢体语言。

（1）手势要求

在引导过程中，女性服务人员的标准礼仪是手臂内收，然后手尖倾斜上推"请往里面走"，显得很优美（如图3-3所示）；男性服务人员要体现出绅士风度，手势要夸张一点，手向外推。同时，站姿要标准，身体不能倾斜。

（2）手势的种类

在汽车服务中，有很多手势需要注意，一些常见手势如表3-3所示。

图3-3 引导手势

项目三 汽车商务接待礼仪

表 3-3 常见引导手势

序号	手势名称	话术	手势图例	适用范围
1	横摆式	"请进"		适用于在车内介绍产品时使用。
2	曲臂式	"里边请"		适用于迎接来店的顾客。
3	双臂横摆	"大家请"		适用于迎接来店的顾客。
4	直臂式	"请往前走"		适用于展厅中为顾客指引时使用。
5	斜臂式	"请坐"		适用于带领顾客到会客区后,请顾客入座时。

103

（3）手势运用的注意事项：

不可含混不清，手势不宜过大或过小；不可以过于繁多，以免喧宾夺主；手势不要生硬。

3. 在楼梯上、电动手扶梯或是电梯里不同的引导礼仪

（1）楼梯引导礼仪

在汽车商务场合需要上楼，一般是引导者走在客人的左前方；下楼时引导者走在客人的右前方，边走边注意客人动静（如图3-4所示）。

图3-4　下楼引导

（2）乘坐电梯引导礼仪

进入电梯时，如无人驾驶电梯，引导者应提前进入，按住按钮，以免电梯门碰到客人；走出电梯时，引导者应按住按钮，请客人先出，引导者再出。如有人驾驶电梯时，进电梯时请客人先入，引导者后入；出电梯时请客人先出，引导者后出。

（3）出入汽车的引导

如果引导者与来宾出行，宾主不同车时，一般应引导者车在前，来宾车居后；宾主同车时，则大都讲究引导者后登车、先下车，来宾先登车、后下车。（如图3-5所示）

图3-5　引导顾客上车

资源5　引导礼动作示范视频

（四）介绍礼

创造吉尼斯世界纪录的汽车销售高手乔·吉拉德在每一次递名片的时候，都对自己的名字做一个解释："我叫乔·吉拉德。这是一个意大利名字，不太好记，叫我乔就可以了。"他的许多顾客在回忆与他交往的时候都会提到，虽然弄丢了他的名片，但是永远不会忘记这个叫乔的汽车销售人员。作为一名追求卓越业绩的汽车销售顾问，自我介绍的方式也体现了销售人员的经验、专业性以及销售人员替顾客考虑的程度。

汽车商务人员每一次的自我介绍是否标准，是否可能给对方留下深刻的印象，说到自己的名字的时候，是否会解释名字的含义，这些都能体现汽车商务人员的素质。大多数的汽车销售顾问就是简单的递名片，认为顾客看了名片后就会记住他的名字，但这种可能性并不大。自我介绍，就是汽车商务人员把自己介绍给客户，使对方能够认识自己，恰当的自我介绍，不但能增进他人对自己的了解，而且可以创造出意料之外的商机。

1. 自我介绍

（1）自我介绍的方式

根据社交场合的不同，应运用不同的自我介绍方式，主要有：

① 应酬式

应酬式自我介绍的方式最简洁，往往只有姓名一项。如："您好！我叫张虹。"它适合于一些公共场合和一般性的社交场合，如途中邂逅、宴会现场、舞会、通电话时。它的对象，主要是一般接触的人。

② 工作式

工作式自我介绍的内容，包括姓名、供职单位及部门、担任的职务或从事的具体工作。汽车商务人员的自我介绍一般属于工作式。如："我叫王丽，是大众汽车销售公司的公关部经理。"

③ 交流式

交流式也叫社交式或沟通式自我介绍，是一种刻意寻求与交往对象进一步交流的方式，希望对方认识自己、了解自己、与自己建立联系，适用于社交活动中。内容包括姓名、工作、籍贯、学历、兴趣及与交往对象的某些熟人的关系等。如："我的名字叫李睿，是里润公司副总裁，我和您先生是同乡。"

④ 礼仪式

这是一种表示对交往对象的友好和敬意的自我介绍，适用于讲座、报告、演出、庆典、仪式等正式场合。内容包括姓名、单位、职务等。自我介绍时，还应加入适当的谦辞、敬语，以示自己尊敬交往对象。如"各位来宾，大家好！我叫张强，是奥迪汽车销售公司的销售经理，我代表本公司热烈欢迎大家光临我们的车展会，希望大家……"

⑤ 问答式

针对对方提出的问题，做出自己的回答。这种方式适用于应试、应聘和公务交往。在普通的交际应酬场合，也时有发生，如，对方发问："这位先生贵姓？"回答："免贵姓李，木子李。"

（2）自我介绍的时机

顾客进入展厅后，销售顾问应主动上前进行自我介绍（如图3-6所示）。

图3-6　主动自我介绍

（3）自我介绍的内容

自我介绍的内容应简短而完整，说出单位、职务、姓名，并给对方一个自我介绍的机会（如图3-7所示）。

图3-7　自我介绍内容

（4）自我介绍的仪态

自我介绍时，右手放在左胸上，不要用手指着对方说话。如方便，可握住对方的手作介绍；若有名片，可在说出姓名后递上名片（如图3-8所示）。

图3-8 自我介绍后递上名片

（5）自我介绍的原则

自我介绍应遵循提高效率、态度积极、追求真实的原则。

① 提高效率

进行自我介绍时，一定要力求简洁，尽可能地节省时间。通常以半分钟左右为佳，如无特殊情况最好不要长于一分钟，可以利用名片、介绍信等资料加以辅助。

② 态度积极

进行自我介绍时，态度要自然、友善、亲切、随和，整体上落落大方、笑容可掬，要敢于正视对方的双眼，显得充满信心、从容不迫。语气自然，语速正常，语言清晰。生硬冷漠的语气，过快过慢的语速或含混不清的语音，都会严重影响自我介绍的效果。

资源6 自我介绍礼仪视频

③ 追求真实

进行自我介绍时，要真实诚恳、实事求是。自吹自擂、夸大其词或过分谦虚、一味贬低自己去讨好别人，都是不可取的。

2. 介绍他人

人际交往活动中，经常需要帮助他人建立联系。替他人介绍，又称第三者介绍，是经第三者为彼此不相识的双方引见、介绍的一种交际方式。为他人作介绍，需要把握下列要点。

（1）介绍的姿势

为他人作介绍时，手势动作应文雅，无论介绍哪一方，都应手心朝上、手背朝下、

图 3-9 介绍他人的姿势

四指并拢、拇指张开,指向被介绍的一方,并向另一方点头微笑、按顺序介绍(如图 3-9 所示)。此时,介绍人和被介绍人都应起立,以示尊重和礼貌。在介绍时除女士和长者之外,其余的人都应站起来。在宴会、会议桌、谈判桌上,介绍人和被介绍人若不方便起立,则应点头微笑示意。如果被介绍双方相隔较远,中间又有障碍物,可举起右手致意或点头微笑示意。待介绍人介绍完毕后,被介绍的一方应当表现出愿意结识对方的热情,双方都要面对着对方,微笑点头示意或握手致意,并且彼此问候对方,如"你好!很高兴认识你""久仰大名""幸会幸会"等。必要时,还可以更深入地作自我介绍。

(2)介绍他人的顺序

为他人作介绍时,必须遵守"尊者有优先知情权"的规则,即应把年轻者先介绍给年长者,把职务低者先介绍给职务高者,把男士先介绍给女士,把家人先介绍给同事、朋友,把未婚者先介绍给已婚者,把后来者先介绍给先到者(如图 3-10 所示)。若所要介绍的双方符合其中两个或两个以上顺序时,我国一般以先职位再年龄,先年龄再性别的顺序作介绍。例如,要为一位年长的职位低的女士和一位年轻的职位高的男士作介绍时,应该将这位女士先介绍给这位男士。在西方社会奉行的惯例,则是"女士优先",即应将这位男士先介绍给这位女士。

图 3-10 介绍他人的顺序

(3)介绍他人的内容

① 说明被介绍人是谁。比如:"张总好,这是我儿子王建。""王建,这位是我们公司的董事长张总。"

② 多提供一些相关的个人资料。例如介绍某人的时候，应说明其所在的公司名称和本人职务。可以使被介绍双方找到交谈的话题。

③ 记住加上头衔。被介绍人如果有任何代表身份和地位的头衔，如博士、教授、部长、董事长等，介绍时一定要冠在姓名之后。

（4）介绍他人的方式

介绍他人，通常是双向的，即对被介绍双方都做一番介绍。有时，也进行单向的他人介绍，即只将被介绍者中的某一方介绍给另一方。由于实际需要的不同，为他人作介绍时的方式也不尽相同。

① 一般式

一般式也称标准式，以介绍双方的姓名、单位、职务等为主，适用于正式场合。如："请允许我来为两位引见下，这位是大众汽车销售公司营销部主任魏红小姐，这位是新信集团副总刘嫣小姐。"

② 简单式

只介绍双方姓名，甚至只提到双方姓氏，适用于一般的社交场合。如："我来为大家介绍一下，这位是王总，这位是徐董，希望大家合作愉快。"

③ 附加式

附加式也称强调式，用于强调其中一位被介绍者与介绍者之间的关系，以期引起另一位被介绍者的重视。如："大家好！这位是飞跃公司的业务主管杨先生，这是小儿王放，请各位多多关照。"

④ 引见式

介绍者将被介绍双方引见到一起即可，适合于普通场合。如："OK，两位认识一下吧。其实大家都曾经在一个公司共事，只是不在一个部门。接下来，请两位自己介绍一下吧。"

⑤ 推荐式

介绍者经过精心准备将一个人举荐给另一个人，通常会对前者的优点加以重点介绍，一般适用于比较正式的场合。如："这位是阳远先生，这位是海天公司的赵海天董事长。阳先生是经济学博士，管理学专家。赵总，我想您一定有兴趣和他聊聊吧。"

⑥ 礼仪式

这是一种最为正规的介绍他人的方式，适用于正式场合，在语气、表达、称呼上都更为规范和谦恭。如："刘总，您好！请允许我把广东润阳集团的人力资源经理孙小姐介绍给您。""孙经理，这位是北京东方公司的执行总裁刘力先生。"

资源7　为他人作介绍礼仪视频

资源8　介绍礼仪动画

案 例

某汽车销售服务有限公司王经理约见了一个重要的客户方经理。见面之后，客户方经理就将名片递上。王经理看完后随手将名片放在桌子上，两人继续谈事。过了一会儿，商务人员将咖啡端上桌，请两位经理慢用。王经理喝了一口，将咖啡放在了名片上，自己却没有发现，客户方经理皱了皱了眉头，没有说什么。

【问题】

王经理这种行为为什么会使方经理不悦？在交换名片的时候要注意哪些礼节？

【分析】

在接受对方名片后，若是站着讲话，应该将名片拿在齐胸的高处；若是坐着，就放在视线所及之处；在交谈时，不可折皱、玩弄对方的名片，更不可将对方名片任意丢弃在桌上。上文中，王经理在接受对方名片后无意间把咖啡放在了名片上，这是对别人不尊重的一种表现。案例中王经理明显违反了接受名片的基本礼仪。因此，在商务交往活动中，一定要正确运用名片礼仪。

图3-11 递交名片

（五）名片礼

名片从古至今，是人们交往中一种必不可少的联络工具，成为具有一定社会性、广泛性，便于携带、使用、保存和查阅的信息载体之一。在各种场合与他人进行交际应酬时，都离不开名片的使用（如图3-11所示）。而名片的使用是否正确，已成为影响人际交往成功与否的一个因素。

要正确使用名片，就要对名片的类别、制作、用途和交换方式等予以充分的了解，遵守相应的规范和惯例。

1. 名片的用途

名片在商务活动中有很多用途，如自我介绍、替代便函、通知变更等（如图3-12所示）。

2. 名片的分类

名片的种类可以分为应酬式、社交式、公务式、单位式四种（如图3-13所示）。

3. 名片的递接

（1）发送名片的时机

① 希望与对方认识时，尤其是初次见面，相互介绍之后就可以递上名片。

② 当被介绍给对方时。

③ 初次登门拜访对方时。

④ 当对方希望与自己交换名片时。

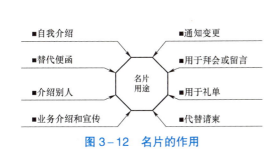

图 3-12 名片的作用　　　　图 3-13 名片的分类

⑤ 当自己的信息有变更，需告知对方时。

⑥ 当对方主动向自己索要名片时。

⑦ 当需要知晓对方的准确情况，想要获得对方的名片时。

⑧ 好朋友很久没见面了，可以告别时相互交换名片。

（2）发送名片的礼节

① 先要把自己的名片准备好，整齐地放在名片夹、名片盒或口袋中。

② 把握出示名片的顺序，记住三个要点（如图 3-14 所示）。

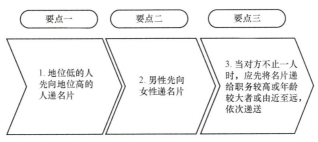

图 3-14 出示名片的顺序要点

③ 向对方递送名片时，应面带微笑，身体稍前倾，注视对方，将名片正对着对方，用双手的拇指和食指分别持握名片上端的两角送给对方；如果是坐着的，应当起立或欠身递送，并说些客气话。

（3）接受名片的礼节

① 他人递名片给自己时，应起身站立，面含微笑，目视对方。

② 接受名片时，双手捧接或以右手接过。

③ 拿到对方名片时，应先仔细地看一遍，特别是碰到生字、难字一定要请教对方，以免出错。同时也确认一下对方的头衔（如图 3-15 所示）。

④ 收到对方的名片后，若是站着讲话，应该将名片拿在齐胸的高处；若是坐着，就放在视线所及之处。

⑤ 在交谈时，不可折叠、玩弄对方的名片。

⑥ 与对方分别时不可将对方名片随意丢弃在桌上。

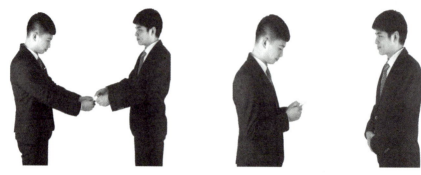

双手接名片　　　　　　　　　　接受后马上过目

图 3-15　接名片的方法

（4）交换名片的礼仪

双方交换名片具体顺序（如表 3-4 所示）。

表 3-4　交换名片的顺序

情形	情形一	情形二	情形三
身份	男士、女士	长辈、晚辈	上级、下级
顺序及用语	女士　男士 女士　男士	长辈　晚辈（这是我的名片，请您多关照！） 长辈　晚辈（很高兴认识你！）	上级　下级（很高兴认识你！） 下级　上级（这是我的名片，请您多关照！）

（5）递接名片的注意事项

① 不要用左手递交名片。

② 不要将名片背面对着对方或是颠倒着面对对方。

③ 不要将名片举得高于胸部。

④ 不要以手指夹着名片给人。

⑤ 不要将自己的名片像发牌一样扔发给每个人。

⑥ 不要混淆自己的名片和他人的名片，要分开装。

⑦ 不要在对方的名片上压放任何物品，也不可以在离去时忘了拿对方的名片。

⑧ 不要将名片放在后裤袋或裙兜里。

4. 索要名片的礼仪（如表 3-5 所示）

表 3-5　索要名片的礼仪

序号	方式	汽车商务人员语言表达
1	向对方提议交换名片	"您方便留个名片吗？"
2	主动递上本人名片	"×先生/女士，这是我的名片。"
3	委婉地索要名片	"今后如何向您请教？" "以后怎样与您联系比较方便？"

5. 名片的保管

存放名片要讲究方式方法，要做到有条不紊（如图 3-16 所示），名片也可以输入电脑、手机等电子设备中，使用其内置的分类方法进行保存。

图 3-16　名片的存放

资源 9　名片礼仪示范视频

（六）握手礼

甲汽车销售公司的行政助理小凤是位年轻女性，一次她随总经理会见乙公司的总经理刘波。看到甲公司总经理，刘波马上加快脚步走过去迎接对方，并伸出右手。小凤被刘波的领导风范所折服，一看到刘波向自己投来问候的目光，反射地伸出手，热情地说："刘总您好！"刘波一边伸出右手，口中寒暄着，一边暗自猜测："这是谁呢？这么年轻，看起来像个助理,可是她主动和我握手,派头还不小。难道是另一位经理?没听说呀!"这时小凤对刘波自我介绍说:"我是行政助理小凤,请您多指教。"刘波这才得知小凤的身份。他觉得这个助理不是不懂礼仪就是妄自尊大,心里马上看轻了小凤。刘波心想,第一次和甲公司打交道就遇上这么个小错误,以后的合作过程中还不知道会出什么错呢!甲公司的经理还没进刘波办公室的门,就已经被对方"判了刑"。

【问题】

请问此案例中小凤犯了什么错误?为什么呢?

【分析】

女性先伸手的规则只适用于公共场合和社交场合,当女性面对自己的上级领导或与重要客户进行商谈时,均应由对方先伸手。

现在握手礼多用于见面致意、问候、祝贺、感谢、鼓励、告别等场合。从握手中往往可以了解一个人的情绪和意向,还可以推断一个人的态度和感情。有时握手比语言更充满情感。在汽车 4S 店展厅工作的汽车商务人员,掌握握手基本礼节是必修课。

1. 握手的要领

握手时伸出右手,手掌与地面垂直,五指并拢,稍用力握住对方的手掌,持续 3~6 秒,身体稍前倾,双目注视对方,面带微笑。汽车商务人员与顾客初次见面一般握手的时间在 3 秒以内(如表 3-6 所示)。

表 3-6 握手的七要诀

大方伸手	虎口相对	目视对方	面带微笑
七分力度	男女平等	三秒结束	

握手的力度、姿势和时间长短,往往能够表达对顾客的礼遇,显露出汽车商务人员的个性和修养,对方也可以通过握手了解你的态度和个性,恰到好处的握手可以有助于交往。美国著名作家海伦·凯勒说过:"我接触过的手,有的能拒人千里之外;也有些人的手充满阳光,你会感到很温暖……"

2. 握手时机

得体的握手要把握好时机,比如汽车商务人员遇见认识的顾客时,当顾客进入或离开展厅时。有时在被相互介绍时也是握手的好时机。

3. 握手次序

（1）男女之间握手

汽车商务人员要了解男女之间握手时要等女士伸手有握手意愿时再伸手握手，这样能够充分地照顾到女士的感受，也能够体现对女士的尊重。

（2）主客之间握手

顾客来到汽车 4S 店展厅时，汽车商务人员则充当主人的角色。汽车商务人员遇见认识的顾客时，应当先于对方伸手表示欢迎；顾客要离开展厅时，汽车商务人员则需要注意把握顾客先伸手、自己再伸手的顺序。

（3）长幼之间握手

长幼之间握手时，汽车商务人员需要注意把握长者先伸手、年轻人再伸手的顺序，握手时要从容、稳健，不要过于唐突。

（4）上下级之间握手

上下级之间握手时，汽车商务人员需要注意把握上级先伸手、下级再伸手的顺序，不卑不亢，得体大方。

4. 握手的注意事项

在与人握手时不可滥用双手，尤其是对初次见面的顾客；握手时双眼要注视对方，不可以手向下压，不可以用力过度，不可以握手时间过长；还要注意与多人握手时，不可以交叉握手。

汽车商务人员使用握手礼的机会很多，所以需要了解握手的注意事项，掌握握手礼的基本要素。这样，才能在工作和生活中营造出一个和谐的交往环境。

资源 10　握手动作示范视频　　资源 11　与客户握手礼视频　　资源 12　握手礼动画

 在线测验

通过课前预习，了解"亲切迎客"包含的礼仪要素，掌握"亲切迎客"各项礼仪的运用方法与技巧等知识和技能点，并能熟练运用于客户接待。

扫描下方"测验二维码"进入资源库平台的在线测验页面。

鞠躬礼测验　　　　称谓礼测验　　　　引导礼测验

| 介绍礼测验 | 名片礼测验 | 握手礼测验 |

任务实施

要全面理解"亲切迎客"所涉及的礼仪知识,并很好地在实践中运用,解决本项目任务中所描述的情况,建议采取如下活动开展学习和训练。

(一)亲切迎客训练

1. 任务内容

亲切迎客。

2. 任务目标

营销人员掌握熟练迎接客户进店的方法与礼仪,使客户获得满意的进店体验。

3. 任务准备

假定自己是销售顾问,与学习小组成员商讨和训练如何迎接客户进店,并采用角色扮演法在课堂上展示。

材料及场地:轿车一辆;接待吧台一张;客户洽谈区安排洽谈桌椅;文件夹;客户档案资料;名片;签字笔;记录夹;汽车宣传资料;茶水;计算器;学生必须着正装(衬衣、领带、皮鞋等)。

4. 实施步骤

(1)以课前的任务情景为背景,学生以小组为单位进行模拟训练。

任务:如果你是刘明明,请展示迎接客户的过程。

(2)小组要有分工:角色分工、话术设计、摄像安排。

(3)各小组派代表上台做小组报告。

注意:汇报的同学要准备好自己的上台形象,言之有理,言之有序,注意扮演角色的礼仪,组内出一个同学摄像;其他组同学要认真看,仔细听,并适当做笔记,最后打分,注意倾听的礼仪。

5. 任务评价

现场师生共同评价。

6. 提交成果

根据师生评价意见再做调整,重新拍摄,并将微视频上传至资源库平台(或空间)。
教师从平台成果提交情况进一步评价。

(二)相关任务成果提交

小组成员共同完成该任务,并拍摄微视频上传至资源库平台(或空间)。

成果提交

亲切迎客学习积件

任务 3-2 热情待客

 任务引入

在汽车商务活动中，接待客户工作能否使客户满意，直接影响到客户对4S店的忠实度，更影响到4S店的经营形象与经济效益，所以关于"热情待客"的内容，我们在学习和训练时一定要注意把握好尊重、热情、周到的待客原则，在接待过程中需要遵循一定的礼仪规范，包括延坐礼、奉茶礼、位次礼、交车礼都必须掌握一定的接待技巧。

 任务描述

在广丰长春翼欣4S汽车专卖店，销售顾问李明接待了来看车的客户张先生。张先生表示这次来店是打算为单位购买公务用车。事先已了解了意向车型"汉兰达2.7L 精英版"，但是，就价格和售后服务的具体问题需要进一步沟通协商。李明把张先生引领到洽谈区。如果你是汽车销售顾问李明，请问你如何做到热情接待顾客张先生？

请对任务具体情景进行分析，模拟训练李明在店待客的过程，并将拍摄的微视频上传到微知库学习平台。

通过平台互动督促学生及时完成在线学习、测验和作品提交。

 学习目标

● 专业能力

1. 认识到热情接待礼仪对维系客户关系的重要性。
2. 掌握待客阶段的营销流程。
3. 正确掌握延坐礼、奉茶礼、位次礼、交车礼的相关知识和动作要领，并进行恰当运用。

项目三 汽车商务接待礼仪

- 社会能力
1. 树立服务客户意识和礼仪规范意识。
2. 强化人际沟通、客户关系维护能力。
3. 具有解决问题完成任务的自信心。
4. 具备小组协同学习能力。
- 方法能力
1. 提高利用信息化平台、查询资料的方式完成任务进行自主学习的能力。
2. 提升制订工作计划、独立决策和实施的能力。
3. 提升仿真模拟展示表达汇报的能力。
4. 培养虚心接受意见，不断完善的能力。

 相关知识

顾客在店期间，按照汽车营销流程，营销顾问一般会进行客户需求分析、绕车介绍、试乘试驾、洽谈、交车等环节。在这些环节当中，会涉及很多礼仪的运用，如交谈礼、引导礼等，本学习任务主要是从延坐礼、奉茶礼、位次礼、交车礼四个方面来学习。

资源1　热情待客销售示范视频　　资源2　热情待客售后示范视频

一、延坐礼

 案　例

在广丰长春翼欣4S汽车专卖店，销售顾问李明接待了前一天来看车的客户张先生及其单位同事一行五人。张先生表示这次来店是打算为单位购买公务用车。事先已了解了意向车型"汉兰达 2.7L 精英版"，但是，就价格和售后服务的具体问题需要进一步沟通协商。接下来，李明请来了销售经理顾城，双方要就购买的具体细节进行谈判和协商。李明把张先生一行引到洽谈区。

（一）座次礼仪

商务人员在接待客户时，应当恭请来客坐在上座。哪些位置为上座呢？一般有两个原则："面门为上""以右为上"（如图3-17所示）。

"面门为上"，即面对房间、大厅正门之座位为上座，应请客方就座，一号主宾坐正中央；背对房间、大厅正门之座为下座，宜由主方就座，重要人员坐正中央。

"以右为上"，即进门后右侧为上座，应请客方就座，一号主宾坐正中央；左侧之座为下座，宜由主方就座，重要人员坐正中央。

图3-17 面门为上、以右为上

（二）延请礼仪

当客人需要坐下时或者是客人听完车辆介绍后需要进一步了解和洽谈时，营销顾问要适时运用延请礼仪（如图3-18所示）。

首先，应该礼貌地邀请客户就座，如"王先生，我们坐下谈吧"。

其次，在征得对方的同意后将客户引导到洽谈室的上座，引导时注意彼此距离，过程中进行必要的提示，如"这边请"。

再次，快到座位时，营销顾问要双手拉出座椅，并伸手示意，说"请坐"。

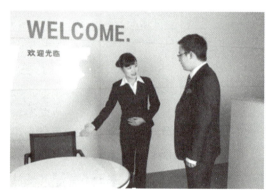

图3-18 延坐姿势

资源3 延坐礼操作视频

二、奉茶礼

在汽车 4S 店或汽车销售贸易公司,一般都提供免费茶饮(如图 3-19 所示),如热茶、橙汁、咖啡、可乐或凉白开。在接待过程中,奉茶礼是个重要的环节,直接影响洽谈工作的开展。

图 3-19 茶饮

(一)奉茶动作

客人就座之后,工作洽谈未开展之前即要开始奉送茶饮。

奉送茶饮前,营销顾问可以询问客户所需的茶饮意愿,如"张女士,您好!本店有免费的茶饮供应,有热茶、橙汁、咖啡、可乐、凉白开,请问您需要哪一种?"在取茶饮之前,请客户稍候片刻。

奉送茶饮时,营销顾问应一手端杯底,一手扶杯身,从顾客右后边上茶(如图 3-20 所示)。

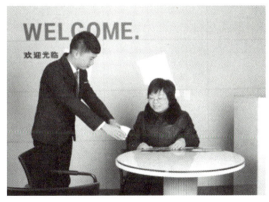

图 3-20 奉茶动作

(二)奉茶顺序

上茶时注意手不可触碰茶杯上边沿,按先主宾后随员、先女宾后男宾、先近后远的顺序递送,如是热茶的话,一定避免烫到别人。

(三)斟茶礼仪

沏茶应遵循"茶半"的原则,一般是茶杯的五到七分满,过少对客人

资源4 奉茶礼示范视频

不够尊重，过满容易溢出。

（四）续茶礼仪

如发现客人杯中的茶饮不足三分之一时，需要适时加续茶饮。

续茶时营销顾问动作要稳，说话声音要小，举止要大方，续茶要一视同仁，照顾到每一位客人，续茶时，为安全起见，最好是将茶杯端离客人加续。如用茶壶续茶，要注意壶嘴不要冲着客人方向。

三、位次礼

（一）行进中的位次礼仪

1. 平面行进时（如图3-21所示）

图3-21 平面行进位次

2. 上下楼梯时

上下楼时宜单行行进，以前方为上。把选择前进方向的权利让给对方（如图3-22所示）。

男女同行时，一般女士优先走在前方。但如遇到着裙装（特别是短裙）的女士，上下楼时宜让女士居后。

陪同人员应该把内侧（靠墙一侧）让给客人，把方便留给客人。

图3-22 上楼位次

3. 出入房间时

出入房门时，一般遵循客人或位高者先出入的原则，表示对宾客的尊重。如有特殊情况时，如双方均为首次到一个陌生房间，陪同人员宜先入房门。

（二）乘坐交通工具礼仪

基本原则是"客人永远在最安全的位置"（如表 3-7、图 3-23 所示）。

资源5 位次礼-座位安排视频

表 3-7 乘车位次礼仪

车型	驾驶舱	首位	次位	再次位	末位
小轿车	专职司机	后排右侧	后排左侧	后排中间	前排右侧
	主人	前排右侧	后排右侧	后排左侧	后排中间
越野车	专职司机、主人	前排右座	后排右侧	后排左侧	后排中间
旅行车	专职司机	前排为尊，后依排次递减；座位尊卑，依每排右侧往左递减			

双排四座车

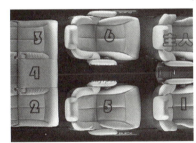

双排七座车（主人驾驶）

双排五座车（主人驾驶）

双排五座车（专职司机驾驶）

双排七座车（专职司机驾驶）

图 3-23 乘车位次安排

乘车应当注意以下问题。
(1) 不要争抢座位，上下轿车时，要井然有序，相互礼让。
(2) 动作要得体。
(3) 要讲卫生。
(4) 不要往车外丢东西、吐痰，也不要在车上脱鞋、脱袜、换衣服。
(5) 要注意安全。

（三）乘坐电梯礼仪（如表3-8所示）

表3-8 乘坐电梯礼仪

等电梯		基本礼仪：靠电梯两侧站立，主动按下电梯按钮，耐心等待。电梯到时遵守先出后进的原则。
进电梯	有人驾驶	商务人员先请客人进入，自己再进入。
	无人驾驶	商务人员先进入电梯，一手按住开门钮，一手挡住门，等客人进入再关闭电梯门。
出电梯	有人驾驶	电梯到达后，商务人员先请客人出电梯，自己再出来。
	无人驾驶	电梯到达后，商务人员一手做请出的手势，一手按住开门钮，让客人先出电梯，自己再出电梯。

（四）会客座次礼仪

基本原则为面门为尊，右位为尊，通常有如下两种情况。
(1) 双方就座后，客人面对正门，另一方背对正门（如图3-24所示）。

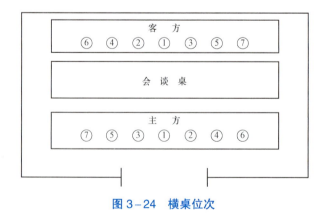

图3-24 横桌位次

(2) 双方并坐于桌子两侧，客人坐主人的右边（如图3-25所示）。

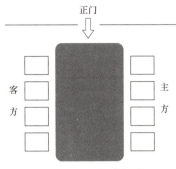

图 3-25 竖桌位次

四、交车礼

在汽车服务过程中经常涉及交车的环节，汽车销售中有交车，售后服务中有交车，汽车商务人员如何做好交车工作，注意哪些交车礼仪非常重要。下面主要以汽车销售中的交车环节为例来讲交车礼仪。（如图 3-26 所示）

图 3-26 交车区布置

（一）交车的重要性

在销售流程中，客户和销售人员的心情是不一样的。一般来说，在和客户成交时，销售人员会感到最高兴。但是，只有在交车后，客户才能获得想要的车辆，也最兴奋。显而易见，销售人员的兴奋点和客户的兴奋点并不同步。

为了让客户在车辆交付后感到兴奋，销售人员必须让客户感到对于交车我们和他们一样兴奋。因此，交付活动既包括理性的层面，也包括感性的层面。理性的层面就是要保证提供完整的服务，而感性的层面就是要让客户感到兴奋，以建立和客户的长期业务关系，大大提高客户的满意度。所以销售人员要重视交车的过程和礼仪。

（二）交车的主要内容

汽车商务人员在交车前要做好准备，在交车时要做好贴心服务，满足客户的合理需求

（如图 3-27 所示）。

1. 与客户确定一个可行方便的日期与时间，可提前制造一些惊喜，让客户感受到被重视。

2. 确保车辆进行过检查，所有的功能都处于正常状态，按预定时间交车。检查时要做"PDI"（如图 3-28 所示），即将车辆从车库里提出来交给维修服务部门。客户提车时还需和客户共同做车辆检验，包括车内、车外以及附件部分。

图 3-27　交车环节

图 3-28　PDI 检查

3. 准备好所有书面文件，以便交车过程顺利进行。文件包括汽车的产品合格证、汽车的使用说明书（如图 3-29 所示）、保修手册（如图 3-30 所示）、票据等。进口车的相关文件还包括关单、三检单、发票（一式三联，一联是客户的购车发票，一联是交购车附加税使用的，还有一联是供交管部门上牌登记使用的）。

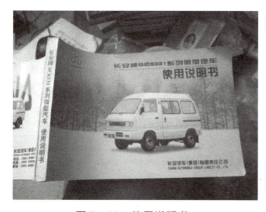

图 3-29　使用说明书

图 3-30　保修手册

4. 交车时，应向客户演示各种设备的操作方法（如图 3-31 所示），如：座椅、方向盘的调整；方向盘锁住时，如何转动钥匙、起动引擎；后视镜调整和电动窗的操作；安全锁的使用；如何开启空调及除雾装置；车内音响的使用（包括频道设定），手把手地操作给客户看；灯光、仪表、电子钟的使用介绍；特殊配备的功能介绍；其他任何客户可能不熟悉的设备，都应该耐心细致地向客户介绍。

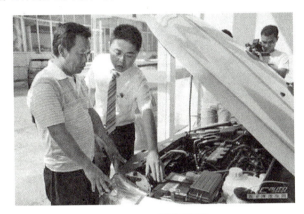

图 3-31 操作说明

5. 交车时，应向客户详细说明"使用说明书及保修手册"的各项内容及使用方法，还可以向客户说明汽车销售公司的后续跟踪服务程序和提供的服务项目。

6. 确保交车时营销部经理在场，以增加客户对售后服务的信任感。

7. 为了与客户建立长期的合作关系，尽可能多地了解客户的信息，并记录到《保有客户管理卡》中。

以上内容是汽车商务人员在交车过程中提供的完整服务过程，以及在这个过程中应该表现出来的服务礼仪，属于比较理性的交车过程。

在具体的汽车服务交车过程中，汽车 4S 店还应重视客户的感性体验，使客户获得被重视、有尊享的感受，这就谈到了交车仪式。

（三）交车仪式

在交车仪式中，每个 4S 店的具体做法不尽相同，但大致包括如下内容。

1. 交车前的准备仪式

（1）交车恭祝牌

在客户来店之前，在展厅门口放置"交车恭祝牌"，写上客户姓名、恭祝话语等（如图 3-32 所示）。

（2）披上红绸

待汽车全身擦净之后，给新车的双耳扎上红绸带，再给新车盖上红绸布（如图 3-33 所示）。

图 3-32 交车恭祝牌

图 3-33 新车装饰

（3）播放交车音乐

现在很多汽车 4S 店在交车时播放的音乐是《好日子》。

2. 交车时的仪式

（1）展厅营销人员列队站立（如图 3-34 所示）。

图 3-34 营销人员列队站立

（2）营销顾问担任主持人，主持交车仪式（如图 3-35 所示）。

图 3-35 主持交车仪式

(3)营销顾问宣布交车仪式开始,揭开新车红绸布,敲响好运锣(如图3-36所示)。

图3-36 好运锣

(4)请营销部经理与客户在新车前合影留念,并当场赠送照片(如图3-37所示)。

图3-37 合影留念

(5)播放电子鞭炮。

有的品牌汽车4S店还会有送鲜花等仪式(如图3-38所示)。

图3-38 献花鸣炮

切记不管什么样的交车仪式,目的都在于促进客户愉悦的购车体验。

交车是客户最兴奋的点,营销顾问除了要做好交车事宜外,还要特别注意交车礼仪,以赢得客户的好感和信赖,注重细节,注重客户需要,不断提升客户满意度。

资源6 交车背景音乐《好日子》

 在线测验

通过课前预习,了解"热情待客"所涉及的礼仪要素,掌握"热情待客"礼仪要素的方法与技巧等知识和技能点,并能熟练运用于客户接待。

扫描下方"测验二维码"进入资源库平台的在线测验页面。

延坐礼测验

奉茶礼测验

位次礼测验

交车礼测验

 任务实施

要全面理解"热情待客"所涉及的基础知识,并很好地运用到具体的客户接待中,解决本项目任务中所遇到的情况,建议采取如下活动开展学习和训练。

(一)热情待客训练

1. 任务内容

热情待客。

2. 任务目标

营销人员掌握热情待客的相关环节和流程,恰当运用待客的礼仪要素。

3. 任务准备

假定自己是销售顾问,与学习小组成员商讨和训练如何观察客户、感知客户,并采用角色扮演法在课堂上展示。

材料及场地:轿车一辆;接待吧台一张;客户洽谈区安排洽谈桌椅;文件夹;客户档案资料;名片;签字笔;记录夹;汽车宣传资料;茶水;计算器;学生必须着正装(衬衣、

领带、皮鞋等）。

4. 实施步骤

（1）以课前的任务情景为背景，学生以小组为单位进行模拟训练。

任务：如果你是李明，请展示在店待客的过程。

（2）小组要有分工：角色分工、话术设计、摄像安排。

（3）各小组派代表上台做小组报告。

注意：汇报的同学要准备好自己的上台形象，言之有理，言之有序，注意扮演角色的礼仪，组内出一个同学摄像；其他组同学要认真看，仔细听，并适当做笔记，最后打分，注意倾听的礼仪。

5. 任务评价

现场师生共同评价。

6. 提交成果

根据师生评价意见再做调整，重新拍摄，并将微视频上传至资源库平台（或空间）。

教师从平台成果提交情况进一步评价。

（二）相关任务成果提交

小组成员共同完成该任务，并拍摄微视频上传至资源库平台（或空间）。

成果提交

热情待客学习积件

任务 3-3 礼貌送客

任务引入

客户展厅接待一共有三个环节,"礼貌送客"是继"亲切迎客""热情待客"后的第三个环节。

在汽车服务接待中礼貌送客也非常重要。一是客户来时,以礼相迎,客户告辞,还应当以礼相送,使整个接待过程善始善终。二是服务行业讲究"真实一刻",即强调在服务过程中做好"每一个当下",如果失礼、冷漠地送客,会让客户产生不愉快或其他负面情绪。

因此,汽车商务人员在送别客人时,要注重送客的礼貌礼仪。

礼貌送客包括道别礼、挥手礼和目送礼等。

任务描述

张先生在上海大众4S店购买了一台新朗逸,现在已交车,如果你是该店的营销顾问李明,该如何完成送别张先生的过程?

请对任务具体情景进行分析,模拟训练李明送客的过程,并将拍摄的微视频上传到微知库学习平台。

学习目标

- 专业能力

1. 能够正确掌握送别客户中道别礼、挥手礼、目送礼的相关知识和动作要领,并能恰当运用。
2. 能够熟练、礼貌地送别客户,圆满完成客户接待。

- 社会能力

1. 树立较强的服务意识和礼仪规范意识。

2. 强化人际沟通能力，客户关系维护能力。
3. 具有解决问题完成任务的自信心。
4. 具备小组协同学习能力。
- 方法能力
1. 提高利用信息化平台、查询资料的方式完成任务进行自主学习的能力。
2. 提升制订工作计划、独立决策和实施的能力。
3. 提升仿真模拟展示表达汇报的能力。
4. 加强准确的自我评价能力和接受他人评价的能力。
5. 不断修正完善自己的能力。

客户光临，以礼相迎；客户告辞，也应当以礼相送，使整个接待过程得以善始善终。送客失礼，会大大影响接待工作的效果。因为客户离开后，很自然地品评整体的待客情况。冷漠地送客，即使此前一直是彬彬有礼的，这时也会让客户感到扫兴。因此送客时，除了讲些告别的话之外，还要讲究送客艺术。礼貌送客应包括道别、挥手和目送等环节。

资源1　礼貌送客示范视频1　　资源2　礼貌送客示范视频2

一、道别礼

对于汽车销售顾问来说，客户提出告辞，要稍作挽留，如果客户仍要走，则不必再三勉强。当客户提前告辞时，切不可急于起身送客。确认客户告辞后，再起身与客户握手告别，这时还要招呼其他工作人员，一起热情相送。

送客时，汽车服务顾问应放下手中其他事务，陪同顾客到停车场。下雨天送客时，需替客户撑伞，并替客户开车门（如图3-39所示），遮挡车门上框，到客户进入车内，给予客户贴切的服务。同时要帮助、提醒顾客清点随身携带的物品和单据。要帮助客户关上车门，提醒顾客道路状况，指引方向，若在交通路口，则需引导到主要道路上。要感谢顾客惠顾并道别，热情欢迎再次来店。

资源3 道别礼
（错误视频）

图 3-39 拉开车门，邀请客户上车

二、挥手礼

挥手道别也是商务礼仪中的常规手势，采用这一手势的正确做法是：

1. 身体站直，不要摇晃和走动。
2. 目视对方，不要东张西望，眼看别处。
3. 可用右手，也可双手并用，不要只用左手挥动。
4. 手臂尽量向上前伸，不要伸得太低或过分弯曲。
5. 掌心向外，指尖朝上，手臂向左右挥动；用双手道别，两手同时由外侧向内侧挥动，不要上下摇动或举而不动（如图 3-40 所示）。

总之，规范而恰当的汽车商务礼仪能够极大地提高企业的形象，是汽车企业赢得口碑的重要法宝。

资源4 挥手礼
示范视频

图 3-40 挥手致意

三、目送礼

挥手送别客户之后，应该微笑目送客户离去，直到客户离开视线后再转身离开，以体现真诚（如图3-41所示）。

图3-41 目送客户离去

资源5 注目礼示范视频　　资源6 礼貌送客操作视频

 在线测验

通过课前预习，了解"礼貌送客"所涉及的礼仪要素，掌握"礼貌送客"各礼仪要素的方法和技巧等知识和技能点，并能熟练运用于客户接待。

扫描下方"测验二维码"进入资源库平台的在线测验页面。

道别礼测验　　　　挥手礼测验　　　　注目礼测验

 **任务实施**

要全面理解"礼貌送客"所涉及的礼仪要素，并很好地运用到具体的实践中，解决本项目任务中所描述的情况，建议采取如下活动开展学习和训练。

（一）礼貌送客训练

1. 任务内容

礼貌送客。

2. 任务目标

营销人员掌握礼貌送客的礼仪要素并恰当运用待客的礼仪要素完成客户送别。

3. 任务准备

假定自己是销售顾问，与学习小组成员商讨和训练如何进行客户送别，并采用角色扮演法在课堂上展示。

材料及场地：轿车一辆；接待吧台一张；客户洽谈区安排洽谈桌椅；文件夹；客户档案资料；名片；签字笔；记录夹；汽车宣传资料；茶水；学生必须着正装（衬衣、领带、皮鞋等）。

4. 实施步骤

（1）以课前的任务情景为背景，学生以小组为单位进行模拟训练。

任务：如果你是李明，请展示礼貌送客的过程。

（2）小组要有分工：角色分工、话术设计、摄像安排。

（3）各小组派代表上台做小组报告。

注意：汇报的同学要准备好自己的上台形象，言之有理，言之有序，注意演角色扮演的礼仪，组内出一个同学摄像；其他组同学要认真看，仔细听，并适当做笔记，最后打分，注意倾听的礼仪。

5. 任务评价

现场师生共同评价。

6. 提交成果

根据师生评价意见再做调整，重新拍摄，将最好效果的微视频上传至资源库平台（或空间）。

教师从平台成果提交情况进一步评价。

（二）相关任务成果提交

小组成员共同完成该任务，并拍摄微视频上传至资源库平台（或空间）。

成果提交

礼貌送客学习积件

项目四

汽车商务社交礼仪

一个企业想要生存与发展,一个人想要在职场上获得成功,都离不开商务交往。在汽车商务活动过程中,汽车服务人员必须学习一定的社交礼仪,遵守必要的社交礼仪。

学习本项目达成的目标有:

能够掌握"商务拜访""商务馈赠""商务宴请"中所涉及的礼仪要素和注意事项,能够大方得体地进行相关社交工作;在具体工作中树立服务意识、规范意识,强化与客户的人际沟通、客户关系维护能力。

任务 4-1 客户拜访

 任务引入

在汽车商务活动中,拜访客户尤其是大客户可谓是最基本、最日常的工作。市场调查需要拜访客户,新品推广需要拜访客户,销售促进需要拜访客户,客户维护还是需要拜访客户。很多汽车销售人员都有同感,只要拜访客户成功,产品销售的其他相关工作就会水到渠成。因此,在拜访过程中需要遵循一定的礼仪规范,包括提前预约、准时赴约、正式拜访,都必须掌握一定的技巧。

 任务描述

HR 汽车公司得知福琪公司需要采购多辆商务用车,销售人员陈蕾接到需要登门拜访大客户经理谭总的任务,请问如果你是陈蕾,如何完成本次拜访任务呢?

任务准备:茶具、名片、宣传单页、报价单、车型目录、笔记本、钢笔等。

请对任务具体情景进行分析,按拜访的规范流程,小组内部两个同学分别扮演陈蕾和谭总,模拟拜访过程,并将拍摄的微视频上传到微知库学习平台。

 学习目标

- 专业能力
1. 认识到汽车商务社交礼仪对维系客户关系的重要性;
2. 掌握拜访客户的一般技巧;
3. 能运用汽车商务拜访礼仪提升客户满意度。
- 社会能力
1. 树立服务客户意识和礼仪规范意识。
2. 强化人际沟通能力。
3. 具有解决问题,完成任务的自信心。
4. 具备小组协同学习能力。

- 方法能力
1. 提高利用信息化平台、查询资料的方式完成任务进行自主学习的能力。
2. 提升制订工作计划、独立决策和实施的能力。
3. 提升仿真模拟展示表达汇报的能力。
4. 加强准确的自我评价能力和接受他人评价的能力。

某汽车公司得知某企业需要采购大批量商务用车，销售人员小李接到需要登门拜访大客户经理的任务，好不容易与客户约定了一个登门拜访的时间。那天，小李如约而至。进了门，客户请她坐下，然后一言不发地看着小李。而小李事先没有做好准备，被这个客户看得有些发慌，心想，这个客户怎么这样严肃？以至于一时不知道该说些什么才好。而客户的一句话令小李更紧张了，"有什么事，快说，我很忙。"冷场的结果是，客户只让小李留下了汽车资料，就结束了这次会面。为此，小李懊悔不已。

【分析】

在汽车商务活动中，拜访客户尤其是大客户可谓是最基本、最日常的工作。市场调查需要拜访客户，新品推广需要拜访客户，销售促进需要拜访客户，客户维护还是需要拜访客户。很多汽车销售人员都有同感，只要拜访客户成功，产品销售的其他相关工作就会随之水到渠成。因此，在拜访过程中需要遵循一定的礼仪规范，包括提前预约、准时赴约、正式拜访，都必须要掌握一定的拜访技巧。

大客户定义的对象

（1）国家机构：如公检法、海关、税务、武警、部队、中央及地方党政机关、政府采购部门等；

（2）行业：如银行、电信、邮政、石油、水利、电力、航空、铁路、学校等大型企事业集团的批量（多台）购车。

一个人想要在商场上获得成功，一个企业想要生存和发展，都来离不开商务交往。对于汽车服务人员来说，在商务拜访中除了与人为善、讲信重义以外，遵守社交礼仪也是顺利开展汽车服务工作的重要条件。

139

一、提前预约

拜访客户前，务必提前预约，这是基本礼仪之一。一般来说，普通的工作拜访应提前一周预约，至少提前三天。如果要拜访的人特别重要，会谈的内容特别重大，你还应该提前半个月甚至一个月预约，以保证对方能妥善安排。未经预约唐突到访客户的公司，可能会给对方造成不便，如果对方不在，则会浪费时间。

资源1　拜访预约动画

（一）选择预约方式

预约的方式一般有三种，即电话预约、当面预约和书信预约。无论是哪种预约，口气和语言一定是友好、请求、商量式的，而不能使用命令式的口气要求对方。在交往中，未经约定的拜访，属于失礼的表现。如果有要紧的事必须前往时，一定要表示歉意并解释清楚。

（二）选择预约时间

1. 公务拜访

应选择对方上班的时间。但要尽量避开星期一上午的时间，因为这个时间大多数公司正在召开例会。

2. 私人拜访

以不影响对方休息为原则，尽量避免在吃饭、午休或晚间10点以后登门。一般情况，上午9～10点，下午3～4点或晚上7～8点是最适宜的时间。还应尽量避免在夏天安排太多的私宅拜访活动。

3. 预约的时间

预约的时间不仅包括自己到达的时间，还要包括自己将要离开的大致时间。

（三）选择预约地点

1. 办公区域

通常在商务活动中需要拜访客户的，直接将地点选为对方的办公区域即可（如图4-1所示）。

图4-1　办公室拜访

2. 私人住宅

私人住宅也是常见的一种拜访地点（如图4-2所示）。

3. 娱乐场所

除了上述两个地点外，很多人会选择咖啡厅、茶楼等公共娱乐场所拜访客户（如图4-3所示）。

图4-2 私人拜访

图4-3 休闲场所拜访

4. 医院

这是一种特定的拜访场所，专指去拜访病人和医生而选择的地点（如图4-4所示）。

图4-4 医院拜访

（四）明确拜访人数

无论拜访任何人，都必须事先约定具体人数，明确拜访人员数量。在商务礼仪中，这一点是非常重要的。一般在私人拜访活动中，明确人数对于对方来说是一种尊重。明确拜访人数，可以避免因尴尬碰面而产生不愉快。携带孩子前往一定要征得对方同意。

（五）明确拜访主题

拜访他人之前，需要确定拜访的主题是什么，以便对方能够更好地准备交谈内容，节省对方和自己的时间。

二、准时赴约

赴约时，拜访者要注意的首要原则是守时，让别人无故等待是严重失礼的行为。德国哲学家康德说："守时就是最大的礼貌。"守时，已经成为国际交际法则中极其重要的一条。如何才能让预约好的拜访顺利开始，必须在拜访前做好充足的准备。

（一）访前准备

在进行客户拜访之前，试问自己以下几个问题。

拜访的客户的形象要求是什么？

我们的产品可以解决客户哪方面问题？

客户的需要是什么？

客户具有准备购买的条件吗？

在拜访的各阶段应该怎么做？

可以使用哪些辅助工具（宣传单页、车型目录、报价单等）？

客户可能提出的异议是什么？

…………

1. 形象

第一印象极其重要，使得汽车服务人员在拜访客户之前必须整理好个人形象，以给人专业、干练的感觉。

2. 资料

准备好名片、宣传单页、报价单、车型目录、笔记本、钢笔等。

3. 拜访的说辞

拜访前要明确拜访的目的，仅仅是初步熟悉还是公司基础信息的推介？或是从客户了解到其预算、相关公司内部人员的设置？最好能在笔记本上写下谈话重点（大纲），并牢牢记住。汽车服务人员第一次登门拜访，可以开展以下工作：介绍公司概况；递交产品单页、型录、大致介绍产品；了解客户车辆保有情况；了解客户车辆采购方式和采购程序；了解客户车辆采购主管部门及负责人情况；了解客户近期车辆采购信息。

（二）电话预告

无论是商务拜访还是私人拜访，在拜访的当天还应提前电话告之（如图4-5所示），一方面让对方有所准备，另一方面确定对方是否有空约见。万一因故不能准时抵达，更需及时通知对方，必要时还可将拜访延期，并郑重其事地向对方道歉。

图4-5 拨打电话

（三）如约而至

约定好上门拜访的时间必须认真遵守，最好提前 10 分钟到达，可以用来整理自己的衣饰，调整精神状态，检查资料是否齐全，等等。切忌太早到，否则可能让客户措手不及。进入接待区时，礼貌地告诉接待人员你和谁约好，再由接待人员引导进入会客室，注意千万不能擅自进入。

（四）耐心等待

如所约时间已到，客户还未到，汽车服务人员必须耐心等待，期间可以翻看自己携带的文件也可以观看对方室内的陈设，以此来了解客户的一些爱好，可以迅速拉近与客户的关系。但是要确保手中拿的东西方便取放，以便相见握手时能及时收拾好。别等约见的人向你伸手时才忙乱地整理东西。

资源 2　客户拜访示范视频

无论客户是因为什么事情迟到，也不要对其抱有轻视的态度或敌意。如果客户临时有事不能赴约，也一定不要表现过激，而应再次约定拜访的时间。

三、正式拜访

当约定时间已到，客户也已等候，这时拜访正式开始。这是拜访客户最关键的环节，需谨慎对待。

（一）敲门进入

拜访者需敲门或按门铃，等到有人应声允许或出来迎接时方可进入（如图 4-6 所示）。不打招呼就擅自闯入，即使门原来就开着，也是非常不礼貌的行为。

敲门时，要用食指，力度适中，间隔有序敲三下，等待回音。如无应声，可稍加力度，再敲三下，如有应声，要侧身隐立于右门框一侧，待门开时再向前迈半步，与主人相对。

图 4-6　入室均应敲门

（二）问候寒暄

在办公场合，拜访者见到客户应先向对方问候，如果有其他人在场，且比客户的地位高，要先问候他人。如果其他人和客户等级相同或是客户的下属，要先问候客户，再问候他人。

在私人住宅等场合，拜访者见到客户应首先向对方问候，再问候其家人。问候客户的家人时，要按照先老后幼、先女后男等顺序问候。如果客户旁边还有除家人外的其他人，需再对他们加以问候。

（三）为客有方

在对方的办公区域、私人住宅等场合，拜访者要规范自己的行为举止，不能过于随便。

首先，进入房间时，要存放好自己的物品。经主人同意后，方可坐在主人指定的位置。如果主人是年长者或上级，主人不坐，自己不能先坐。主人让坐之后，要口称"谢谢"，然后采用规矩的礼仪坐姿坐下。并且要注意自己的活动范围，不能经常变动。

其次，主人献上果品，要等年长者或其他客人取用后，自己再取用。即使在最熟悉的朋友家里，也不要过于随便。在医院拜访病人时，不能嘻嘻哈哈，大声喧哗，脚步要适当放轻，保持安静。

（四）适时告退

在一般情况下，礼节性的拜访，尤其是初次登门拜访，时间应控制在一刻钟至半小时之内。最长的拜访，通常也不宜超过两个小时。一些重要的拜访，往往需由宾主双方提前议定拜访的时长。在这种情况下，务必要严守约定，绝不单方面延长。起身告辞时，应主动伸手与主人握别，说："请留步。"待主人留步后，走几步，再回首挥手致意，说："再见。"

在拜访期间，若遇到其他重要的访客，应提前告退，若主人挽留，仍须果断离去，但要向主人道谢。

资源3　客户拜访动画

四、销售拜访技巧

小周是一家汽车公司的销售人员，他经常跟我说起他拜访客户时的苦恼，他最担心拜访新客户。初访时，客户往往避而不见或者在面谈二三分钟后表露出不耐烦的情形。听他说完，我就问了他一些问题：

你明确地知道初次拜访客户的主要目的吗？

在见你的客户时，你做了哪些细致的准备工作？

在见你的客户前，你通过别人了解过他的一些情况吗？

在初次见到你的客户时，你跟他说的前三句话是什么？

在与客户面谈时，你发现是你说的话多，还是客户说的话多？

结果小周告诉我，他明确地知道他初次拜访客户的主要目的就是了解客户是不是有购买他们公司产品的需求，当然他也做了一些简单的准备工作，如准备产品资料、名片等。不过，在见客户时他没有了解过客户的情况，见到客户时的前三句话自然就是开门见山，报公司名称和自己的名字、介绍产品，然后问他是否有购买产品的兴趣；在与客户交谈时，小周说的话比客户谈得多，所谓机不可失，时不再来嘛。

听他说完这些，我笑了，因为我突然从小周身上发现了自己以前做业务时的影子。记得那时自己做业务时，也是喜欢单刀直入，见到客户时，往往迫不及待地向客户灌输产品情况，直到后来参加几次汽车销售培训后，才知道像我们这样初次拜访客户无疑是撬开客户的大嘴，向他猛灌"信息垃圾"。

（一）陌生拜访

陌生拜访对于许多销售人员来说，就是一个棘手的障碍，许多人都会觉得无从着手，但又必须逾越它。因为没有谁的人脉资源是无限的，原有的人脉资源总有用完的一天，想要扩大团队，提升业绩，就必须掌握陌生拜访的技巧。

1. 角色问题

（1）销售人员担任的角色：一名学生或听众；

（2）客户担任的角色：一名导师或讲演者。

2. 访前准备

（1）专业的形象：衣着、举止得体，树立令人信服的权威性；

（2）广泛的知识：包括本公司及业界的知识、本公司及其他公司产品的知识、本次拜访客户的相关信息、本公司的销售方针及其他丰富的话题；

（3）材料的准备：名片、电话簿、公司介绍资料、产品介绍资料、计算器、笔、本子、宣传报道过的资料等。

3. 拜访流程

（1）打招呼。在客户未开口之前，亲切地向客户打招呼问候。如："王经理，早上好！"

（2）自我介绍。表明公司名称及自己姓名并将名片双手递上，在与客户交换名片后，要对客户同意拜访表达谢意。如："这是我的名片，谢谢您能抽出时间让我见到您！"

（3）破冰。营造一个良好的氛围，以拉近彼此之间的距离，缓和客户对陌生人来访的紧张情绪，如："王经理，我是您部门的张工介绍来的，听他说，您是一位很随和的领导。"

（4）开场白。提出议程、陈述议程对客户的价值，时间约定，询问是否接受。如："王经理，今天我是专门来向您了解贵公司对××产品的一些需求情况，通过知道贵公司明确的计划和需求后，我可以为贵公司提供更方便的服务，我们谈的时间大约只需要五分钟，您看可以吗？"

（5）巧妙运用询问术。通过询问客户来达到探寻客户需求的目的，这是销售人员最基本的销售技巧。在询问客户时，要采用由浅入深的方式逐渐进行探寻。如："王经理，您能不能介绍一下贵公司今年总体的商品销售趋势和情况？""贵公司在哪些方面有重点需求？""贵公司对××产品的需求情况，您能介绍一下吗？"

（6）对客户谈到的要点进行总结并确认。根据会谈过程中记下的重点，对客户所谈到的内容进行简单总结，确保清楚、完整，并得到客户一致同意。如："王经理，今天我跟您约定的时间已经到了，很高兴能从您这里听到这么多宝贵的信息，真的很感谢您！您今天所谈到的内容一是关于……二是关于……三是关于……是这些，对吗？"

（7）结束拜访。在结束初次拜访时，销售人员应该再次确认一下本次来访的主要目的，然后向客户叙述下次拜访的目的，约定下次拜访的时间。如："王经理，今天很感谢您用这么长的时间给我提供了这么多宝贵的信息。根据您今天所谈到的内容，我将回去好好地做一个供货计划方案，然后再来向您汇报，我下周二上午将方案带过来让您审阅，您看可以吗？"

通过初次登门拜访，汽车服务人员可以确定客户购买意向级别。将客户按预计购买时间确定为A级、B级、C级。（A级：预计近期一周内购车；B级：预计近期一个月内购车；C级：预计近期三个月内购车）。根据初次拜访了解的情况，建立客户跟踪卡。并将客户走访情况及时反馈给公司。

通过初次登门拜访所了解的客户意向级别，要马上安排对A级、B级客户进行再次访问（A级：在两天内访问；B级：一周内访问。）。

此次拜访最好能约请该客户的主要负责人参加会谈。

询问客户对公司产品的要求；

询问客户对公司产品的商务条件；

了解客户对其他品牌的关注程度和重视点；

了解其他品牌对客户开出的商务条件；

介绍公司产品的优势、竞争品牌的劣势；

介绍公司的商务政策、维修服务、保修政策；

预约客户对公司或产品进行参观，必要时邀请客户试乘试驾。

（二）再次拜访

1. 角色问题

（1）销售人员担任的角色：一名专家型方案的提供者或问题解决者；

（2）客户担任的角色：一位不断挑剔、不断认同的业界权威。

2. 前期准备

（1）专业的形象；

（2）材料的准备：上次客户提供的相关信息，一套完整的解决方案或应对方案，本公司的相关产品资料、名片、电话簿、笔、本子、计算器等。

3. 拜访流程

（1）电话预约及确认。如："王经理，您好！我是××公司的小周，上次我们谈得很愉快，我们上次约好今天上午由我带一套供货计划来向您汇报，我九点整准时到您的办公室，您看可以吗？"

（2）进门打招呼。第二次见到客户时，在对方未开口之前，销售人员应热情地向客户打招呼问候，如："王经理，上午好啊！"

（3）旁白。再度营造一个良好的会谈氛围，重新拉近彼此之间的距离，让客户对你的来访产生一种愉悦的心情，如："王经理，您办公室今天新换了一幅风景画啊，看起来真不错！"

（4）开场白的结构。首先确认理解客户的需求，介绍本公司产品或方案的重要特征和带给他的利益，再约定谈话的时间，最后询问客户是否接受。如："王经理，上次您谈到在订购××产品时碰到几个问题，他们分别是……这次我专门根据您所谈到的问题做了一套计划和方案，这套计划的优点是……通过这套方案，您看能不能解决您所碰到的问题，我现在给您做一下简单的汇报，大约需要15分钟，您看可以吗？"

（5）导入FFAB，迎合客户需求。FFAB，即Feature：产品或解决方法的特点；Function：因特点而带来的功能；Advantage：这些功能的优点；Benefits：这些优点带来的利益。在导入FFAB之前，应分析客户需求比重，排序产品的销售重点，然后再展开FFAB。在展开FFAB时，应简易地说出产品的特点及功能，避免使用艰深的术语，通过引述其优点，以对客户本身有利的方面做总结，销售人员应记住，客户始终是因你所提供的产品和服务能给他们带来利益，而不是因对你的产品和服务感兴趣而选择购买的。

（6）介绍解决方法和产品特点。根据客户的信息，确认客户的每一个需求，并总结客户的这些需求应该通过什么方式来满足，再逐一介绍解决方法，说明产品的特点，并征得客户的同意，最后总结，保证满足客户的需求。

（7）要求承诺与缔结业务关系。为客户描绘其购买产品或服务后得到的满足，刺激准客户的购买愿望。一旦你捕捉到客户无意中发出的购买信息，应抓住时机。

资源4　拜访礼的动画案例

 在线测验

通过课前预习，了解"商务拜访"的基本内容，掌握"商务拜访"的相关礼仪要求等知识和技能点，并能熟练运用于客户拜访实际。

扫描右侧"测验二维码"进入资源库平台的在线测验页面。

在线测验

任务实施

要全面理解"商务拜访"所涉及的基础知识，并很好地进行具体运用，解决本项目任务中所描述的情况，建议采取如下活动开展学习和训练。

（一）商务拜访训练

1. 任务实施内容

商务拜访。

2. 任务实施目标

销售人员掌握商务拜访的相关环节和流程，恰当运用拜访的礼仪要素。

3. 任务实施准备

假定自己是销售顾问，与学习小组成员商讨和训练如何进行客户拜访，并采用角色扮演法在课堂上展示。

材料及场地：茶具、名片、宣传单页、报价单、车型目录、笔记本、钢笔等，学生必须着正装（衬衣、领带、皮鞋等）。

4. 实施步骤

（1）以课前的任务情景为背景，学生以小组为单位进行模拟训练。

任务：如果你是陈蕾，请展示拜访客户的过程。

（2）小组要有分工：角色分工、话术设计、摄像安排。

（3）各小组派代表上台做小组报告。

注意：汇报的同学要准备好自己的上台形象，言之有理，言之有序，注意演角色扮演的礼仪，组内出一个同学摄像；其他组同学要认真看，仔细听，并适当做笔记，最后打分，注意倾听的礼仪。

5. 任务评价

现场师生共同评价。

6. 提交成果

根据师生评价意见再做调整，重新拍摄，将最好效果的微视频上传至资源库平台（或空间）。教师从平台成果提交情况进一步评价。

（二）相关任务成果提交

小组成员共同完成该任务，并拍摄微视频上传至资源库平台（或空间）。

成果提交

客户拜访

任务 4-2 礼品馈赠

任务引入

在汽车商务活动中，经常会涉及礼品馈赠，如果使用馈赠礼仪不恰当，往往会适得其反，所以通过良好的馈赠礼仪与客户沟通，既能给客户留下很好的交往印象，又能使客户获得更高的满意度。

任务描述

某汽车4S店销售刘彦今天非常高兴，因为今天是他成交的第一台车交付的日子。他看看手表，与顾客约定的10点钟还有半个小时，他在新车边上仔细地检查是否都准备好了。这时展厅王经理走过来。"小刘恭喜你！来这么短的时间就能成交，非常不错，都准备好了吗？"刘彦很得意地说都准备好了。王经理看了一下说："我怎么没看到送给客户的礼物呢？"刘彦很惊讶，在心里嘀咕：还要准备礼物？那送什么呢？

请问如果你是刘彦，你认为在新车交付时应该准备什么礼物？又如何送给客户呢？

请对任务具体情景进行分析，模拟训练刘彦准备礼物赠送礼物的过程，并将拍摄的微视频上传到微知库学习平台。

学习目标

专业能力
1. 认识到馈赠礼仪对维系客户关系的重要性。
2. 掌握馈赠礼仪的运用技巧。
3. 能运用汽车商务馈赠礼仪提升客户满意度。

社会能力
1. 树立服务意识、规范意识、回馈意识。
2. 强化人际沟通、客户关系维护能力。

方法能力
1. 提高利用信息化平台、查询资料的方式完成任务进行自主学习的能力。
2. 提升制订工作计划、独立决策和实施的能力。
3. 提升仿真模拟展示表达汇报的能力。
4. 加强准确的自我评价能力和接受他人评价的能力。

  相关知识

馈赠是在汽车服务中通过赠送给服务对象礼物来表达对对方的尊重、敬意、友谊、纪念等情感与意愿的一种交际行为。

一、赠送礼仪

资源1 案例

馈赠作为一种非语言的交际方式受到古今中外人士的普遍肯定。馈赠也是汽车商务活动的重要手段，它以物的形式出现，礼载于物，以物表情，得体的馈赠起到寄情言意之"无声胜有声"的作用。

在汽车商务活动中，为了沟通、巩固和不断地加深相互之间的感情，根据具体情况接受或向有关人员赠送礼品，是一种常见的礼节。（如图4-7所示）

（一）礼品选择

1. 明确馈赠六要素（5W+1H）

送给谁？
为什么送？
送什么？
何时送？
什么场合送？
如何送？

2. 馈赠礼品的标准

（1）根据馈赠目的选择礼品

一个是以交际为目的的馈赠。
一个是以巩固和维系关系为目的的馈赠。
一个是以酬谢为目的的馈赠。

（2）根据馈赠对象选择礼品

考虑彼此的关系现状，如：亲缘关系、文化习惯关系、偶发性关系等。
了解受赠对象的爱好，如：给音乐爱好者购车时送音乐碟片。

图 4-7 馈赠

（3）根据馈赠价值选择礼品

对汽车行业而言，可以赠送与汽车有关的礼品，比如空气净化器、车上饰品、车模等，这些礼品既实用又特别。在新车交付时，汽车服务人员可以选择客户提车时送礼，如送花、香水、油卡等比较合适。

3. 禁送的礼品

（1）违法犯规礼品。

（2）坏俗礼品。

（3）私忌礼品。

（4）有害礼品。

（5）无用礼品。

（二）送礼时机

在汽车销售过程中，礼品赠送的时机一般会放在交车环节。一般要求以简短为宜，说明意图及解释礼品即可。

（三）馈赠的礼仪

1. 面带微笑，态度亲和；

2. 双手奉上所赠礼物；

3. 介绍礼品时，强调对受赠方的好感和情谊，不要强调礼品的实际价值。

资源 2　礼物馈赠标准视频　　　　资源 3　营销顾问送礼物视频

补 充

（一）受礼礼仪

1. 心态开放；

2. 仪态大方；

3. 受礼有方；

4. 表示谢意。

受礼时注意：

1. 起身面对对方；

2. 保持风度，忌伸手抢、开口问、死盯不放；

3. 除贿赂礼品外，一般不拒收，不要过于推辞，礼貌感谢并夸赞礼品精致、优雅、实用；

4. 双手接过礼品（如图4-8所示）；

5. 视情况或拆开或留待以后看。

图4-8 接受礼物

（二）回礼礼仪

1. 恰当的理由；

2. 恰当的时机；

3. 回赠类似的物品，价值相当，切忌重复。

（三）拒绝礼品的礼仪

1. 并不熟悉的人赠送的极其昂贵的礼品；

2. 隐含着发生违法乱纪行为的礼品；

3. 接受后有可能会受到对方控制的礼品。

项目四 汽车商务社交礼仪

 **在线测验**

通过课前预习,了解"商务馈赠"的基本知识,掌握"商务馈赠"相关礼仪的要素等知识和技能点,并能熟练运用于商务社交实际。

扫描右侧"测验二维码"进入资源库平台的在线测验页面。

在线测验

 任务实施

要全面理解"礼品馈赠"所涉及的基础知识,并很好地解决本项目任务中所描述的情况,建议采取如下活动开展学习和训练。

(一)礼品馈赠的训练

1. 任务实施内容

礼品馈赠。

2. 任务实施目标

销售人员掌握礼品馈赠的相关礼仪,进一步提高客户的满意度。

3. 任务实施准备

形式:假定自己是销售顾问,与学习小组成员商讨和训练如何进行礼品馈赠,并采用角色扮演法在课堂上展示。

材料及场地:轿车一辆;文件夹;客户档案资料;名片;汽车宣传资料;茶水;学生必须着正装(衬衣、领带、皮鞋等);相关礼品。

4. 实施步骤:

(1)以课前的任务情景为背景,学生以小组为单位进行模拟训练。

任务:如果你是刘彦,请展示礼物的选择和赠送的过程。

(2)小组要有分工:角色分工、话术设计、摄像安排。

(3)各小组派代表上台做小组报告。

注意:汇报的同学要准备好自己的上台形象,言之有理,言之有序,注意演角色扮演的礼仪,组内出一个同学摄像;其他组同学要认真看,仔细听,并适当做笔记,最后打分,注意倾听的礼仪。

5. 任务评价:

现场师生共同评价。

6. 提交成果

根据师生评价意见再做调整,重新拍摄,将最好效果的微视频上传至资源库平台(或空间)。教师从平台成果提交情况进一步评价。

(二)相关任务成果提交

小组成员共同完成该任务,并拍摄微视频上传至资源库平台(或空间)。

成果提交

馈赠视频

任务 4-3　宴请礼仪

任务引入

在商务交往中，无论是交朋会友，还是会谈庆功，设宴款待都是常用的方法。它常用于表示祝贺、感谢、欢迎、欢送等友好感情，通过宴会可以协调关系、联络感情、消除隔阂、增进友谊、加强团结、求得支持、有利于合作等。愉悦、放松的用餐状态非常有利于进一步达成共识。因此在宴请过程中，能否表现出良好的礼仪不仅是个人的事情，更关系到公司的形象。成功的商务人士在这方面往往都能表现得大方、得体。

学习目标

一、专业能力
1. 掌握中餐宴请邀请、餐单确定、桌次座次排列的礼仪规范及技巧；
2. 掌握西餐宴请座次排列、餐具摆放、刀叉、餐巾使用及上餐顺序、酒水搭配的礼仪规范；
3. 正确运用宴请礼仪，提升宴请服务能力。

二、社会能力
1. 培养在实际岗位中，中西餐宴请的服务能力；
2. 树立服务意识、效率意识、规范意识；
3. 强化人际沟通、客户关系维护能力；
4. 提高维护组织目标实现的大局意识和团队能力；
5. 培养良好的心理素质和克服困难、挫折的能力；
6. 加强爱岗敬业的职业道德和严谨务实勤快的工作作风；
7. 增强自我管理、自我修正的能力。

三、方法能力
1. 课堂内容学以致用的能力；
2. 制订工作计划、独立决策和实施的能力；

3. 运用多方资源解决实际问题的能力；
4. 培养学生细致、严谨、规范的作风；
5. 准确的自我评价能力和接受他人评价的能力；
6. 自主学习与独立思维能力。

任务 4-3-1：中餐礼仪

资源 1　中餐礼仪微课视频

任务引入

从事商务活动，必然要参加各种宴会或聚餐，不同地方不同形式的宴会都会有不同的礼仪规范，越正式的宴会，礼仪规范越严格。中餐不仅受到国内人士的喜爱，也受到外国友人的喜爱，商务活动中宴请中餐是常有的事。中国的饮食文化驰名世界，中餐宴会是指具有中国传统民族风格的宴会。中餐礼仪经过千百年的演进，已形成了一套规范的进餐礼仪。

任务描述

东方房地产公司经研究决定，为了更好地激发员工的工作热情，预备给在公司上班三年及以上的员工发放一辆小轿车作为工作福利。东方房地产公司统计预购 30 辆小轿车，公司后勤部郭主任初步与××汽车 4S 店进行了交涉。某天上午，××汽车 4S 店销售经理刘经理带着在店工作四年的销售顾问王刚到东方房地产公司洽谈购车事宜，双方就车的配置、颜色、价格谈得差不多了，时近中午，销售经理刘经理宴请东方房地产公司的王总经理、财务处谢主任、后勤部郭主任、办公室谭主任及秘书共进午餐。请问在此次宴请中，销售经理刘经理和王刚要注意哪些礼仪规范呢？

一、宴请准备礼仪

1. 邀请礼仪

各种宴请活动，一般均应对宴请对象发出邀请。这既是对宾客的通知，起提醒、备忘作用，同时又是宴请必备的礼貌形式。

正式宴请活动，多采用书面邀请的方式，由举办者发出请柬或邀请信、邀请电报；非正式宴会，则可以电话或口头邀请。

1）书面邀请

书面邀请包括请柬邀请和信函邀请（如图4-9、图4-10所示），请柬邀请和信函邀请应提前一周至两周发出，以便被邀请人及早安排时间。需要安排座次的宴请必须注明要求被邀请人答复能否出席，正式宴请会在请柬或者信函上注明席次。

请　　柬

尊敬的××先生（女士）：

　　为××××，兹定于××××年×月××日（星期×）晚××时在×××（地点）举行宴请。

　　敬请

光临

××（签章）

××年×月×日

邀　请　函

尊敬的＿＿＿先生（女士）：

　　您好！

　　＿＿＿＿＿＿单位将于＿＿＿年＿＿＿月＿＿＿日在＿＿＿＿＿＿＿＿地，举办＿＿＿＿＿＿＿＿＿＿＿活动，特邀您参加，谢谢。

署　　名

××年×月×日

　　注意：对不熟识的人，或在比较偏僻的地方，要附路线说明。

　　如有晚会活动，还需附上入场券和活动节目程序表。

图4-9 邀请函正面

图4-10 邀请函内容

2）电话邀请

电话邀请的时间短促，通话时语言、语调必须使对方感受到盛情和诚意。通话前应写好说话提纲，或胸有腹稿，用语比书面要求更高，要从语音、语调上让对方感受到诚挚、亲切，以加深对方印象。如果不是被邀请者本人接电话，要建议接电话人做好记录备忘，以便转告被邀请者。

3）口头邀请

适用于非正式的或小范围的宴请。举办人有意设宴时，应先征询被邀主宾的意见，最好是彼此见面时，借机口头邀请。

口头邀请，有时不能一次得到对方的肯定答复，可再约时间敲定或用电话表达邀请的诚意，以得到对方最后正式答复为准。

2. 菜单确定礼仪

宴会菜单主要根据来宾口味特点、宴会规格档次确定，一般是由宴会主办方与餐厅负责人共同商议决定，其中要避免出现下列菜肴。

触犯个人禁忌的菜肴，触犯民族禁忌的菜肴，触犯宗教禁忌的菜肴。在所有的饮食禁忌之中，宗教方面的饮食禁忌最为严格。例如，穆斯林忌食猪肉、忌饮酒，同时由禁食猪肉又引起一系列连锁反应，发展到禁用猪皮制的皮鞋、皮衣、皮带，禁用猪鬃制的毛刷、牙刷，不用含有猪油成分的肥皂、香脂等生活用品；印度教徒忌食牛肉；犹太教徒忌食动物蹄筋和所谓"奇形怪状的动物"；等等。

3. 宴请的桌次排列礼仪

中餐宴请的桌次排列规则（如图4-11所示）是以"以远为上，面门为上；以右为上，以中为上；观景为上，靠墙为上"的原则。

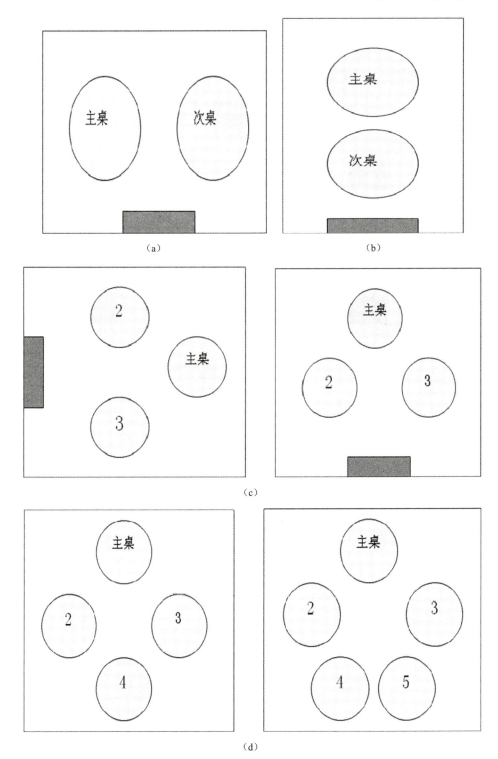

图 4-11 宴请的桌次排列

(a) 两桌横排宴请；(b) 两桌竖排宴请；(c) 三桌宴请；(d) 三桌以上宴请

4. 宴请座次排列礼仪

中餐宴请座次一般原则（如图 4-12 所示）：面门居中位置为主位；主左宾右分两侧而坐；或主宾双方交错而坐；越近首席，位次越高；同等距离，右高左低。

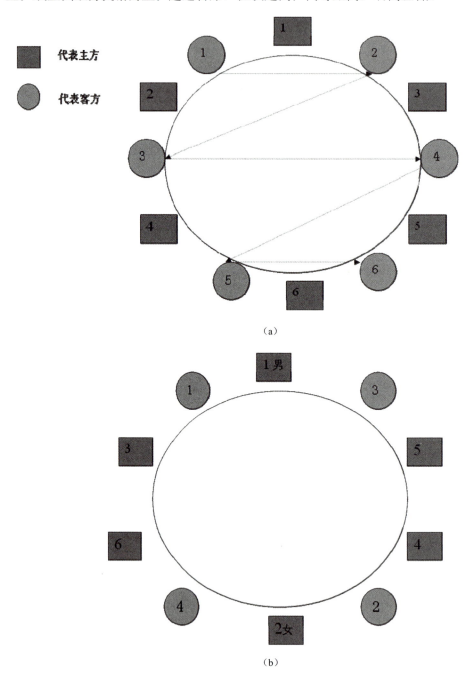

图 4-12 宴请座次排列
（a）单主人；（b）异性双主人

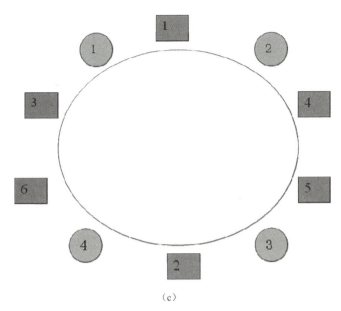

图 4-12　宴请座次排列（续）

（c）同性双主人

二、设宴礼仪

如果要举办宴会，首先应确定设宴的目的、名义、邀请范围和对象，还应考虑恰当的形式，然后，以不同方式发出邀请。

1. 设宴目的

包括洽谈业务、签订合同、择日开张、扩大销售、加强联系、庆祝节日、纪念庆典、开幕闭幕等。

设宴目的不同，设宴的规格、内容、形式也就不同。举办人要尽可能让应邀者和具体承办者明了设宴目的，以便彼此配合，实现预期效果。

2. 邀请名义

邀请要注意宾主身份对等。一般来说，邀请者应与被邀请的主要宾客在身份、级别、专业等方面尽量对等、对口。若以单位名义邀请，应签注主要领导人的姓名，以示庄重。

3. 宴请对象和范围

指设宴招待的主要宾客，也就是举办宴会请什么人、请多少人、请到哪一级别，同时也包括请一些有关单位和本单位的相关人员作陪。一般以设宴目的、宾主身份及主要宾客所在地的习惯作为依据。宾主赴宴的总人数，以偶数为好。

4. 宴请形式

一般来说，设宴目的隆重、宴请范围广泛，应以正式的、高规格的宴会形式为主；日常交往、友好联谊、人数较多的，以冷餐会形式或酒会形式更合适；群众性节日活动，以茶会形式居多。

5. 开宴礼仪

1）门前迎客

宴会之前，举办者应提前到宴会地点，最后检查准备工作的情况。开宴前，主人应站立在门口迎接宾客。

客人到达后，主人应迎上前去握手，互相问候，对来宾表示欢迎，不要疏忽冷落了任何一位客人。按客人到达的先后，由工作人员分批陪送到休息厅小憩或直接进入宴会厅，由专人接待。主宾到达，由主人陪同，进入休息厅同在座的客人见面后，再一齐步入宴会厅。

2）引导入座

大型宴会可在宴会厅门前陈列"桌次排列简图"，让来宾依据请柬提示，自己对号入座，也可以由工作人员或服务人员引座入位。

一般先把非主桌上的宾客引入宴会厅就座后，再领主宾进入宴会厅。主宾入座时，全体客人起立，鼓掌欢迎。主人给客人互做介绍，增进交流。

发现有坐错座位的客人，如无大碍，一般将错就错，临场不作更正。必须调整时，要以适当方式，体面地周旋，不可伤其自尊心。

3）准时开席

按约定的时间准时开席，是宴请礼仪的基本要求。举办人必须提前到达，否则视同失礼。

如果主宾因特殊原因不能及时赶到，主办人应尽快联系，采取相应的办法调整，并向已入座的客人说明情况，表示歉意。推迟时间宜为 10～15 分钟，最迟不应超过 30 分钟，否则会影响宴会效果。

4）致辞敬酒

正式宴会在主宾入席后、用餐前开始，由主人与主宾分别致辞，并由主人向来宾提议，为某种事由而干杯，在使用高脚杯饮酒时，注意方式正确（如图 4-13、图 4-14 所示）。

图 4-13　正确的握杯方法

图 4-14　错误的握杯方法

① 在主人、主宾致辞时，其他在场者一律停止用餐或饮酒，保持安静。

② 可随时在就餐过程中举杯敬酒，用双手举杯敬酒，眼睛注视对方。碰杯时，杯子不高于对方的杯子（如图4-15所示），喝完后再举杯表示谢意。

图4-15　敬酒的正确方法（右为敬酒者）

③ 尊重对方的饮酒习惯和意愿，不以各种理由强迫对方喝酒。

④ 当侍者斟酒时，勿忘道谢，但不必拿起酒杯。当主人斟酒时，则端酒杯致谢，必要时，起身站立或欠身点头。

资源2　中餐礼仪案例动画

5）介绍菜肴

服务人员每上一道菜，一般要用转盘转至主人与主宾之间并报出菜名。主人可要求再介绍菜的色、香、味、形方面的特点和菜名由来的典故等，为宾客助兴佐食。有些具有鲜明地方特色的菜，更需如此。

向服务人员道谢后，主人应举箸盛情请大家品尝。如果客人之间彼此谦让，主人可用公筷、公匙先为主宾或长者分菜。分菜时相对均匀，避免厚此薄彼。

6）席间交流

宴请的气氛主要体现在席间的感情交流中。而要达到这个目的，席间主持非常重要。

一般，每桌的主人或桌长在席间交流中扮演主要角色——席间主持人。宴会从介绍客人开始，到开席的菜肴介绍、向宾客敬酒以及引导和谐的攀谈交流等，都是席间主持人应主动做到的。

话题可以是气候季节、市场供应、文体信息、社会时尚、烹饪技巧、社会趣闻、风土人情以及彼此交往的过程回顾等，也可以是就本次聚会的主旨谈谈己见，但不必深入、不必具体，更不要涉及实质性内容。忌谈单位内情、他人隐私、政治等。

7）宴会结束

宴会时间一般为1～2小时，不宜过长或过短。

① 适时结束。宴会程序基本完成时，主人要掌握时机，适时结束宴会。结束宴会较好的时机，从服务来说，是服务人员端上水果时；从气氛来说，是宴会达到新的高潮时。

② 依依话别。

③ 送客出门。宴会结束，话别时间不宜过长。主人、副主人及陪客都应把宾客送到门口，热情握手告别，目送客人离去。对乘车来的客人，主人应送客上车，待车开动后，再向客人挥手致意。

三、赴宴礼仪

赴宴者应当具备良好的气质风度、高深的礼仪修养。宴请是重要的交际活动，只有通过双方的共同努力，才能达到圆满的宴请效果，实现关系融洽、交流感情、增进友谊的目的。

接到出席宴会的邀请后，应及时答复举办者，便于主人安排。一经答应赴宴，不要轻易改动。遇有特殊情况，不能如期赴宴，要及时通知主人，说明原因，表达诚致歉意。主宾如果不能如期赴宴，最好登门道歉。接到邀请后，既不答复，又不赴宴，是极不礼貌的行为。

1）注重仪容仪表

无论在国内还是在国外，赴宴都被视为一种仪式、一种社交。正式宴会的请柬上多注有着装要求，赴宴时应按照要求穿着。如果请柬上没有注明着装要求，赴宴时应按照宴会性质和当地的习俗，选定例行服装。

赴宴前，应当修饰整理自己的仪容。女宾应认真梳理，适度化妆。出席晚宴，化妆可比白天浓艳，在灯光作用下，使肤色更加华艳鲜亮。发型可根据自己的身材、脸型和年龄选择，突出女性魅力。男宾赴宴前，要理发、修面、手要洗净，指甲修短，力求大方、得体，给人以沉着谨慎、仪容高雅的印象。

2）准时赴宴

掌握赴宴时间，按照请柬标明的宴会时间准时到场。能否遵守宴会时间，适时抵达，在一定程度上反映出宾客对主人的尊重，也反映了自身的素质，绝不可马虎大意。

所谓适时、准时，一般情况下，是指在宴会前3～5分钟到达。如因故不能准时赴宴，应提前打电话通知主人，诚恳说明原因。同样，赴宴也不宜去得过早。去早了会给主人增添麻烦，使之窘迫、尴尬。

3）按位落座

如约到达宴请地点后，赴宴者由服务人员引导，先到衣帽间寄存外衣和帽子，然后去迎宾处，主动向主人问好、签到。如带有礼物（如花束、花篮等），可恭敬献上，并和其他客人相互致意，注意从左侧入座，女士穿短裙入座时注意护裙，防止走光。

4）就餐礼仪

① 餐桌礼仪

餐桌上一般不要吸烟，特别是有女士在场，更不能吸烟，在禁烟餐厅不能吸烟；不能将进嘴的东西吐出来，让菜不夹菜，助酒不劝酒；餐桌上不整理服饰，吃东西不要发出声音；嘴里有食物时，不与人交谈，剔牙时宜用手挡住嘴，咳嗽、打喷嚏或打哈欠时，应转身低头用手绢或餐巾纸捂住口鼻。

② 餐巾使用礼仪

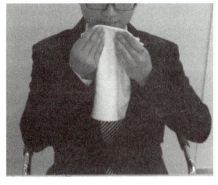

图 4-16　餐巾正确使用方法

用餐前，提供的湿巾，可用来擦手，不可用以擦脸、擦嘴、擦汗。擦手之后，应放回盘中由侍者取回。正式宴会结束前，会再上一块湿方巾，可用来擦嘴。

将餐巾放在膝盖上，不可用餐巾擦脸，可用巾角轻轻沾嘴唇与嘴角（如图 4-16 所示）。用餐完毕后，将餐巾叠好，不可揉成一团。

③ 筷子使用礼仪

a. 忌敲筷。在等待就餐时，不能坐在餐桌边一手拿一根筷子相互敲打，或用筷子敲打碗盏或茶杯。

b. 忌掷筷。在餐前发放筷子时，要把筷子一双双理顺，然后轻轻地放在每个人的餐桌前。距离较远时，可以请人递过去，不能随手掷在桌上。

资源3　中餐礼仪示范视频

c. 忌叉筷。筷子不能一横一竖交叉摆放，不能一根是大头，一根是小头。筷子要摆放在碗的旁边，不能搁在碗上。

d. 忌插筷。在用餐中因故需暂时离开时，要把筷子轻轻搁在桌子上或餐碟边，不能插在饭碗里。

e. 忌挥筷。在夹菜时，不能把筷子在菜盘里挥来挥去，上下乱翻。遇到别人也来夹菜时，要有意避让，谨防"筷子打架"。

f. 忌舞筷。在说话时，不要把筷子当作工具，在餐桌上乱舞，也不要在请别人用菜时，把筷子戳到别人面前，这样做很失礼。

g. 忌舔筷。不要"品尝"筷子。不论筷子上是否残留有食物，都不要去舔它。

h. 忌迷筷。不要在夹菜时，筷子持在空中，犹豫不定取哪道菜。

i. 忌粘筷。在就餐过程中，即使很喜欢某道菜，也不要似筷子粘住了菜盘，不停地夹取。

J. 忌剔筷。不要将筷子当牙签使用。

5）热情话别

宴会结束，赴宴者应起身离座，不可贪杯恋菜，拖延撤席，不能因余兴未尽而说笑不停。男宾应先起身，为年长者或女士移开座椅。主宾先向主人告辞，随后是一般来客向主人表示谢意。按照礼貌，不是感激宴会之丰盛，而是感谢主人让自己度过了愉快的时光。

如主人备有小礼品相赠，不论价值轻重，都应欣然收下，表示感谢。不能借口不便携带而不屑一顾或一面收下一面转送他人，这是对主人心意的违拗，也是对聚会的轻视，很不礼貌。

任务 4-3-2：西餐礼仪

资源 4　西餐礼仪微课视频

任务引入

现今社会，中西方经济与思想交流越来越频繁，最具西方文化特色的西餐礼仪已在我国广泛使用。随着商业和市场经济的繁荣，私人交往和公务交往日趋频繁，西餐作为人际交往中的一种重要形式，也越来越被广泛接触。我国自古就有"美食待嘉宾"的习俗，因此在社会交往和现实生活中，了解西餐礼仪，对提高社交能力，加强礼仪修养是大有裨益的。

任务描述

小刘正在西餐厅用餐，手机响了，为了不打扰别人便出去接听，可是等他回到自己的座位一看，傻了眼，因为服务员不仅将他的餐具、餐巾收拾走了，就连刚送来的牛排也被撤下了，还有那份汤，他才刚刚喝了几口。思考一下，小刘可能犯了什么错误？他应该怎样做？

相关知识

一、西餐座次原则（如图 4-17 所示）

1. 女士优先（女主人：主位，男主人：第二主位）
2. 恭敬主宾（男女主宾分别紧靠女主人和男主人）

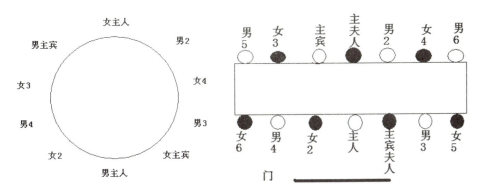

图 4-17 西餐座次

3. 以右为尊（男主宾坐于女主人右侧，女主宾坐于男主人右侧）
4. 距离定位（距主位越近，地位越高）
5. 面门为上（面对门口高于背对门口）
6. 交叉排列（男性与女性，生人与熟人）

二、西餐餐具礼仪

1. 餐具摆放（如图 4-18 所示）

（1）摆在中央的为摆饰盘或展示盘，餐巾置于装饰盘中或左侧。

（2）盘子右边旁摆刀、汤匙，左边摆叉子。依用餐顺序（前菜、汤、料理、鱼料理、肉料理），由外侧至内使用。

（3）玻璃杯摆右上角，最大的是装水用的高脚杯，次大的是红葡萄酒杯，而细长的玻璃杯是白葡萄酒杯，视情况也会摆上香槟或雪莉酒所用的玻璃杯。

资源 5 西餐礼仪操作视频

（4）面包盘和奶油刀置于左手边，装饰盘对面则放咖啡或吃点心所用的小汤匙和刀叉。

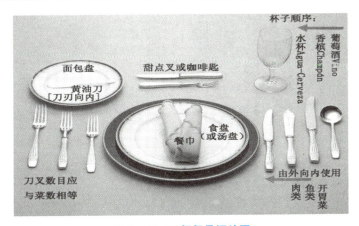

图 4-18 西餐餐具摆放图

2. 刀叉的使用（如图 4-19、图 4-20 所示）

（1）使用刀叉有两种常规方法。其一，叫作英国式。要求就餐时，右手持刀，左手持叉，一边切割，一边叉而食之。其二，叫作美国式。要求仍是左叉右刀，但先将餐盘中食物全部切割好后，双手交换刀叉，右手持叉吃食。

图 4-19　正确的刀叉用法

图 4-20　错误的刀叉用法

（2）就餐中途放下刀叉休息或离开时，将刀叉呈"八"字形状摆放在餐盘中，且刀口向内，叉齿向下；就餐完毕，则刀叉并排纵放或刀上叉下横放在餐盘中，且刀口向内，叉齿向上（如图 4-21、图 4-22 所示）。

图 4-21　未吃完的刀叉摆法

图 4-22　已吃完的刀叉摆法

（3）切割食品时，不要发出声响。

（4）切割食品时，双肘下沉，讲究姿态美观。

3. 餐巾的使用（如图 4-23、图 4-24 所示）

西餐的餐巾有服装保洁、擦拭口部、掩口遮羞的作用，一般把餐巾对折成三角形，开口朝外，铺放在并拢的大腿上；不要塞入领口，也不能擦刀叉和擦汗。同时餐巾还有暗示作用，女主人为自己铺上餐巾时，暗示用餐开始；就餐者将餐巾放在座椅的椅面之上则暗示有事暂时离开；将餐巾放在餐桌上，暗示就餐完毕。

 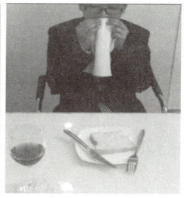

图 4-23　错误的餐巾用法

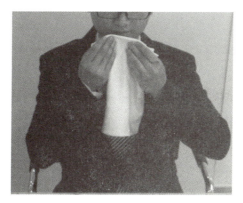

图 4-24　正确的餐巾用法

4. 餐匙的使用

西餐一般有两种餐匙，个头大的叫汤匙，个头小的为吃甜食所用。大的摆放在用餐者右边的最外端，与餐刀并列纵放，小的横排在正上方。汤匙用握笔的方式拿，由内往外舀起（如图4-25所示）。

图 4-25　正确的汤匙用法

三、西餐上菜次序与酒水搭配礼仪

1. 西餐上菜次序

宴会开始前五分钟上面包和黄油，然后依次上冷盘、汤、鱼、副菜、主菜、甜品、水果，最后上饮料。

2. 酒水搭配礼仪

（1）餐前酒（开胃酒）

餐前酒是在开始正式用餐前饮用或在吃开胃菜时与之搭配的酒水。在一般情况下，人们喜欢在餐前饮用的酒水有鸡尾酒（如图4-26所示）、味美思和香槟酒（如图4-27所示）。

图4-26　鸡尾酒

图4-27　香槟酒

（2）佐餐酒（餐酒）

佐餐酒是在正式用餐期间饮用的酒水。西餐里的佐餐酒均为葡萄酒，而且大多数是干葡萄酒或半干葡萄酒。红酒配红肉，白酒配白肉。

（3）餐后酒

餐后酒是在用餐之后，用来帮助消化的酒水（如图4-28所示）。最常见的餐后酒是利口酒，又叫香甜酒。最有名的餐后酒，则是有"洋酒之王"美称的白兰地酒。

(a)

(b)

(c)

图4-28　餐后酒

(a) 威士忌；(b) 白兰地；(c) 伏特加

四、西餐宴会其他礼仪

1. 喝汤的礼仪

(1) 喝汤用汤匙,不能端起来喝。

(2) 汤匙由内向外舀汤,注意第一勺少量舀取,先试温度,浅尝,不要用口吹热汤。

(3) 喝汤不出声,一匙汤不分几次喝。

(4) 汤将见底,可将汤碗倾斜,以便舀取。

(5) 喝汤完毕,汤匙应搁在餐盘上。

2. 吃面包的礼仪

(1) 面包要撕成小片,撕一片吃一口,不可直接用口咬着吃或用餐刀切割。

(2) 撕面包时,注意用餐盘盛接碎屑。

3. 吃水果的礼仪

(1) 吃西瓜等多汁的水果应用匙取食。

(2) 粒状水果如葡萄,可直接用手取食,如欲吐籽,应先吐在手掌中再放入餐盘中,不要直接吐在餐盘中。

(3) 汁少较脆的水果如苹果、梨等,可用刀切成四片,再削皮,用叉取食。

4. 喝咖啡礼仪

在餐后饮用的咖啡,一般都是用袖珍型的杯子。盛放咖啡的碟子也是特制的。喝咖啡时,用右手拿着杯耳,左手轻轻托着咖啡碟,慢慢地向嘴边轻啜,避免发出声响。不宜举杯大口吞咽或俯首去吸咖啡。

资源6 西餐喝咖啡示范视频

5. 其他礼仪

(1) 吃整条鱼,应先将鱼头切去,然后将鱼椎取出,切块取食。口中鱼刺用餐叉接住放入餐盘,不可直接吐在餐盘中。

(2) 西餐吃面,用餐叉卷绕放入口中,不可像吃中餐一样吸食。

(3) 炸薯片、炸肉片等食物,不用刀叉,可以用手取食。取食时,仅用拇指和食指拈取,食后可用餐巾拭手。

(4) 吃甜点用点心叉和匙。

通过课前预习,了解"中、西餐宴请邀请、餐单确定",掌握"宴请桌次、座次排列、餐具摆放"等宴请礼仪规范及技巧,达到正确运用宴请礼仪,提升宴请服务能力的目的。

扫描下方"测验二维码"进入资源库平台的在线测验页面。

中餐礼仪在线测验

西餐礼仪在线测验

 任务实施

要全面理解"宴请礼仪"所涉及的基础知识，并很好地解决本项目任务中所描述的小刘遇到的情况，建议采取如下活动开展学习和训练。

（一）中餐礼仪训练

1. 任务实施目标

学会如何进行宴请邀约，正确的桌次、座次安排及用餐期间的礼仪等。

2. 任务实施准备

形式：假定自己是销售经理刘经理或者销售顾问王刚，与学习小组成员商讨和训练在宴请中的注意事项，比如：如何邀约、如何安排座位等，并采用角色扮演法在课堂上展示。

材料及场地：桌椅；中餐餐具；茶水；学生必须着正装（衬衣、领带、皮鞋等）。

3. 任务实施步骤

（1）学生以小组为单位，7人一组，每组分为7个角色，销售经理、销售顾问、地产公司总经理、财务处主任、后勤部主任、办公室主任及秘书。

（2）各小组在上台表演前，要设计好主要情节。各个角色扮演者设计好自己的"言谈举止"。一组在表演时，其他组要认真看，仔细听，并适当做笔记，最后打分。此活动既能巩固提升学生所学知识，并将知识内化，又可以锻炼学生的胆量和交际沟通能力。

（二）西餐礼仪训练

1. 任务实施目标

学会在西餐就餐过程中的餐具摆放及使用注意事项，掌握西餐就餐礼仪。

2. 任务实施准备

形式：假定自己是小刘，与学习小组成员商讨和训练在宴请中的注意事项，比如：就餐过程中可能犯了什么错误，应怎样做？并采用角色扮演法在课堂上展示。

材料及场地：桌椅；西餐餐具；餐巾；酒水；学生必须着正装（衬衣、领带、皮鞋等）。

3. 任务实施步骤

（1）学生以小组为单位，4人一组，每组分为3个角色，小刘、小刘朋友（2人）和服务员。

（2）各小组在上台表演前，要设计好主要情节。各个角色扮演者设计好自己的"言谈举止"。一组在表演时，其他组要认真看，仔细听，并适当做笔记，最后打分。此活动既能巩固提升学生所学知识，并将知识内化，又可以锻炼学生的胆量和交际沟通能力。

4. 任务评价

现场师生共同评价

5. 提交成果

根据师生评价意见再做调整，重新拍摄，将最好效果的微视频上传至资源库平台（或空间）。教师从平台成果提交情况进一步评价。

（三）相关任务成果提交

小组成员共同完成该任务，并拍摄微视频上传至资源库平台（或空间）。

中餐礼仪训练提交成果

西餐礼仪训练提交成果

宴请礼仪积件

项目五

汽车商务会议礼仪

会议礼仪,是指在会议中应遵守的礼节和仪式。在商务活动中,会议占有相当重要的地位。汽车服务人员在其日常工作中必不可少的一件事就是要组织会议、领导会议、参与会议。会议是仪式性很强的公众活动,作为汽车服务企业,无论是筹办还是参加各种商务会议,都应注重会议礼仪,会议礼仪直接反映组织管理的整体水平、与会者的素质高低,对于塑造组织形象具有重要意义。会议的形式多种多样,不管举行什么样的会议,其基本礼仪要求都是相同的。

任务 5-1 早夕会礼仪

任务引入

早夕会是一项在很多企业都履行的会议制度，会议形式多样，能体现各自的企业特色。汽车行业也不例外，汽车4S店召开的早夕会是加强企业常规管理、掌握工作进程、提升士气、提高技巧、回顾业绩、制订目标、放松心情的简短会议。早夕会礼仪主要学习早夕会的内容、作用和礼仪要求。

任务描述

王伟是一家汽车4S店的营销顾问，他每天都要参加部门的早会与夕会。假如你是王伟，你该如何注意自己的参会礼仪？

在汽车4S店的日常管理中，每天都需要开早会和夕会，那早会和夕会怎么开？一般的会议内容是什么？有什么样的礼仪要求？这就涉及汽车4S店的早夕会礼仪。

请问如果你是王伟，你该如何组织一次早会？

请对任务具体情景进行分析，模拟训练一次早会过程，并将拍摄的微视频上传到微知库学习平台。

学习目标

- **专业能力**
1. 掌握早夕会主要的工作内容和工作意义；
2. 掌握早夕会的基本礼仪要求。
- **社会能力**
1. 培养在工作岗位中有效组织早夕会的能力；
2. 树立服务意识、效率意识、规范意识；
3. 强化人际协作能力；

4. 加强虚心学习的能力；
5. 增强自我管理、自我修正的能力。
- **方法能力**
1. 利用信息化平台进行自主学习的能力；
2. 制订工作计划、独立决策和实施的能力；
3. 准确的自我评价能力和接受他人评价的能力；
4. 学以致用的能力。

一、早夕会的含义

1. 早会

早会是指汽车 4S 店在每个工作日，开始正常工作之前的简短会议。早会持续时间控制在 20 分钟左右，重点是全方位地对每个人和相关的事务进行梳理、控制和管理，达到改善员工精神面貌，创建组织学习文化，建立相互检查、监督考核机制，聚焦公司品牌文化，引导企业行为，提高核心竞争力（如图 5-1 所示）。

资源 1　早夕会微课视频

图 5-1　福特 4S 店早会

2. 夕会

夕会指的是汽车 4S 店一天工作情况的总结会，一般是在下班前进行，重点检查当天工作的进度、效果，总结问题，提出解决方案（如图 5-2 所示）。

图 5-2 某 4S 店夕会

二、早夕会的作用

早夕会在每个汽车 4S 店的每个工作日都会进行,早夕会对于汽车 4S 店的日常管理至关重要,其作用主要表现为以下几个方面。

资源 2 早会操作视频

1. 统一工作思想

举行早夕会可以统一员工思想,提高企业凝聚力,激励员工的工作激情,从而更加有力地推进工作。

2. 提升工作技能

早夕会既是工作会,又是培训会,通过早夕会,主管的部门经理的工作指导和同事之间的沟通,通过这样的"传帮带"的方式能够使员工尤其是新员工获得很多专业知识和工作技能,以解决工作中的实际问题,促进员工的快速成长(如图 5-3 所示)。

图 5-3 某 4S 店早会

3. 提升工作士气

进行早夕会的过程中，通过统一工作进度，协调工作关系，采取"喊口令、齐鼓掌"等方式，可以提升员工的工作士气，增强团队工作精神。

4. 强化业绩考核

早夕会通过业绩布置、业绩公布、业绩比拼强化员工的业绩考核意识，强化员工的责任意识。

三、早夕会的礼仪要求

1. 形象良好

早夕会时，要求汽车4S店的员工整理好自己的仪容、仪表及仪态，注意个人职业形象的整洁、规范（如图5-4所示）。

图5-4　本田4S店早会

2. 精神饱满

早夕会时要求汽车4S店的员工精神饱满、面带微笑、列队站立，阵容整齐，喊口号或者鼓掌时要求统一、响亮、有力。

3. 善于表达

早夕会是部门经理工作管理会，也是员工交流会，汽车服务人员在交流时要注意交谈语言的礼貌、诚恳。

4. 学会聆听

早夕会时要学会聆听他人讲话，这既是礼貌，也是素养；既有助于推动工作，也是人际关系和谐的需要。

5. 重在执行

早夕会时，汽车服务人员要认真记住会议所讲的内容，并在接下来的工作中贯彻执行。

服从工作安排，尊重工作需要也是一种礼仪的体现。

四、案例

对于企业来讲，员工礼仪很重要。据了解，北汽 4S 店非常注重早夕会，在开早夕会时重点要求员工做礼仪操训练。

资源3　早会示范视频

他们的基本要求和做法如下：

要求每天开早夕会。

在早会后所有人员进行礼仪操的培训。

（1）所有工作人员相向而立；

（2）相互检查服装穿戴、仪容修饰情况；

（3）相互检查"2 米问候"标准运用；

（4）相互检查日常礼仪用语。

"早上好！""您好！欢迎光临！""您好！很高兴为您服务！""对不起，让您久等了！""您好！请坐！""您好！请稍等！""谢谢光临，请慢走！"

这样的礼仪检查和礼仪训练重在体现品牌文化，体现团队精神。

好的开始是成功的一半，同时"慎终如始"，一天工作的总结和反省也是很有必要的，我们在早夕会时必须要展现出一个职业销售的工作态度和工作礼仪。

 在线测验

通过课前预习，了解"早夕会的内容及目的"，掌握"早夕会基本礼仪要求"等知识和技能点并能熟练运用，培养在工作岗位中有效组织早夕会的能力。

在线测验

扫描右侧"测验二维码"进入资源库平台的在线测验页面。

任务实施

要全面理解"早夕会礼仪"所涉及的基础知识，并很好地解决本项目任务中所描述的王伟遇到的情况，建议采取如下活动开展学习和训练。

（一）早夕会礼仪训练

1. 任务实施目标

学会如何组织早夕会及早夕会要注意的礼仪规范等。

2. 任务实施准备

形式：假定自己是王伟，与学习小组成员商讨和训练该如何注意早夕会的相关礼仪，采用角色扮演法在课堂上展示。

材料及场地：项目实训基地；轿车一辆；接待吧台一张；学生必须着正装（衬衣、领带、皮鞋、胸牌等）。

3. 任务实施步骤

（1）学生以小组为单位，10人一组，角色可以自行分配，如：店总、销售经理、展厅经理、值班经理、销售顾问等，每组同学要认真仔细地为早夕会的进行做好准备工作。

（2）各小组在上台表演前，要设计好主要情节。扮演客户的同学设计好自己的"言谈举止"。一组在前边表演时，其他组要认真看，仔细听，并适当做笔记，最后打分。此活动主要是为了训练同学们"捕捉细节"的能力，即敏锐的观察力。

4. 任务评价

现场师生共同评价

5. 提交成果

根据师生评价意见再做调整，重新拍摄，将最好效果的微视频上传至资源库平台（或空间）。教师从平台成果提交情况进一步评价。

（二）相关任务成果提交

小组成员共同完成该任务，并拍摄微视频上传至资源库平台（或空间）

成果提交

早夕会积件

任务 5-2 会务礼仪

任务引入

只要是正规的会议,不管是一般的商务会议还是展销会等其他类型会议,前期、中期、后期都需要进行缜密细致的组织工作,这些工作可称之为会务工作。在具体会务工作中,一定要遵守常规、讲究礼仪、细致严谨。

任务描述

某市政府考察队到××汽车维修服务股份公司考察情况,来到××汽车维修服务股份公司的有考察队队长刘明、副队长孙宏和考察队员王娜、谭晶,公司举行了欢迎大会。会议桌为长方形,该如何安排座次?

××汽车4S店参加4月的春季车展,展厅经理按照公司方案安排了刘娜等6名销售顾问在展厅接待客户,刘娜等人要运用哪些展销会礼仪?

学习目标

● **专业能力**

1. 掌握会议座次安排、参加会议礼仪规范的知识点,能熟练运用礼仪技巧组织安排会议座次;

2. 掌握汽车服务人员参加展销会的礼仪要求,并运用解说技巧更好地介绍汽车展品的特色。

● **社会能力**

1. 培养在工作中有效组织会议的能力;
2. 树立服务意识、效率意识、规范意识;
3. 强化人际沟通、客户关系维护能力;
4. 提高维护组织目标实现的大局意识和团队能力;

5. 加强自我管理自我修正的能力。
- 方法能力
1. 利用多种信息化平台进行自主学习的能力；
2. 制订工作计划、独立决策和实施的能力；
3. 运用多方资源解决实际问题的能力；
4. 准确的自我评价能力和接受他人评价的能力；
5. 自主学习与独立思维能力。

相关知识

一、一般会议礼仪

汽车服务人员在工作中参加一般的工作会议，一定要遵守常规、讲究礼仪、细致严谨，展现汽车服务人员良好的职业形象。

资源1 一般会议微课视频

案 例

某日，某汽车 4S 店要举办一次重要会议，请来了集团公司的总经理和副总经理，并邀请了当地政府要员和同行业知名人士出席。由于出席的重要人物较多，4S 店领导决定用 U 字型的桌子来布置会议桌。4S 店领导坐在位于 U 字横头处的位置，其他参会人员坐 U 字的两侧。在会议的当天，贵宾们都进入了会场，并按照安排好的座签找到自己的位置就座。当会议正式开始时，坐在横头位置的 4S 店领导宣布会议开始，这时发现会议气氛不对劲，有贵宾相互低语后借口有事要起身离开，4S 店领导不知道发生了什么事情或是出了什么差错，非常尴尬。

请指出此案例中的失礼之处。

（一）会议座次礼仪

会议按规模划分，有大型会议和小型会议，座次排列有以下规则。
1. 大型会议

大型会议考虑主席台、主持人和发言人的位次；主席台前排高于后排，中央高于两侧，右侧高于左侧（政务会议左侧高于右侧）（如图 5-5 所示）。

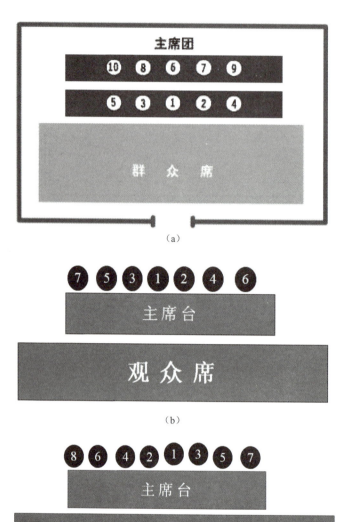

图 5-5 大型会议座次图

（a）主席台前排高于后排；（b）主席台人数为奇时；（c）主席台人数为偶数时

主持人之位可在前排正中，也可居于前排最右侧；发言席一般设于主席台正前方，或者其右方。

2. 小型会议（如图 5-6 所示）

小型会议要选准主席之位，讲究的是面门为上、居中为上，国际惯例以右为上，国内政务交往采用中国传统做法，以左为尊。

资源2　会议礼仪座次动画

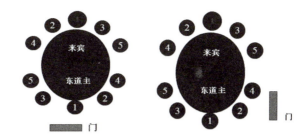

(a)

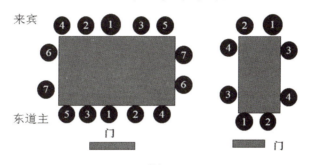

(b)

图 5-6 小型会议座次安排

(a) 圆桌型；(b) 口字型

（二）参加会议礼仪

汽车服务人员开会之前，要守时、注重仪表规范、举止得当；会议进行时认真倾听，择要做好记录；若要发言，应先举手，不可随意插话，打断他人发言（如图 5-7 所示）；更不可在会议进行中接打电话（如图 5-8 所示）；会议结束后按顺序离开。

资源 3　会议礼仪操作视频

图 5-7　会议错误行为（Ⅰ）

图 5-8　会议错误行为（Ⅱ）

二、汽车展销会礼仪

汽车展销会简称车展,是汽车企业经常要参加的活动,属于汽车界的盛会。展销会礼仪,通常是指汽车企业单位在组织、参加展销会时应当遵循的规范与惯例。

资源4　展销会微课视频

案　例

一位年长的来自深圳的富商,衣着简洁,来到在北京举办的国际汽车展销会,他前期有些了解,准备通过此次车展实地体验,选购一辆豪华汽车。他驻足在一辆豪华轿车前,认真仔细地研究起来。而站在一旁的一位年轻貌美、气质高雅,面带职业性微笑的厂商服务人员,没有对这个普通老人给予过多关注。当这位年长的富商向她走来询问一些关于该车的问题时,她则为富商拿了一份印刷精美的介绍图册。富商接过这份印刷品皱着眉头离开了。

富商继续参观,来到另外一个陈列的豪华车前,这个展台前参观的人较少。一位年轻的服务人员热情地接待了他,真挚的微笑让富商觉得温暖,当他询问了一些问题后,也得到了周到的专业回答,服务人员从汽车品牌到性能和价格,讲解得非常清楚。尽管花费了服务人员不少时间,但他脸上没有一点不耐烦的表情,始终洋溢着真诚的微笑,富商毫不犹豫地签了一张100万元的支票作为定金,买了一辆豪华车。

请思考:此案例中,第一个服务人员在展销会礼仪方面存在哪些缺失?第二个服务人员有哪些可取之处。

(一)汽车展销会服务人员的基本礼仪要求("六要四不要")

1."六要"

(1)热情待客。常言说得好,表现得热情,就会变得热情,反之亦然。如果你一副不耐烦的样子,你就会变得不耐烦,而且讨人嫌。热情洋溢无坚不摧,十分有感染力。要热情地宣传自己的企业和产品。在参观者看来,你就代表着你的企业。你的言行举止和神情都会对参观者认识你的企业产生极大的影响。当客户走近你的展位,要面带微笑,主动问候:"您好!欢迎光临!"接着面向对方,身体稍前倾,伸出右手,掌心向上,指向展厅并说"请您参观"。客户在展位上参观时,应随行其后,以备回答客户的提问。

(2)熟悉展品。出席展销会的人员,都必须熟知展品的相关信息,如性能、功用、特点和最大卖点等,以免在展销会上被客户问倒。

(3)善于交流。展销会现场乱、吵、杂,销售人员可能出现忙乱而盲目的状态,因而要尽量发现潜在客户,识别购车客户,从而有针对性的与客户交流。只有善于交流,才能提高展销会的有效性。

（4）细致倾听：仔细倾听客户的心声，才能把握客户的需求，更好地解说产品特色，以满足客户需求。

（5）周到解说。展销会上，不要以貌取人，而应礼貌对待每一个客户，客户对展品感兴趣，提出的任何问题都应做到周到解说，突出展品的特色，不可置之不理，或者以不礼貌的言行对待对方。

（6）礼貌欢送。中国人讲究善始善终，客户离开展厅时，要礼貌送至出口，并微笑而真诚地道声"感谢您的光临"。

2."四不要"

（1）不要坐着。展销会期间坐在展位上，会给人留下"你不想被人打扰"的印象。

（2）不要在展位上吃东西。那样会显得粗俗、邋遢和漠不关心，而且你吃东西时潜在顾客不会打扰你。

（3）不要以貌取人。展销会上唯一要注重仪表的是参展单位的工作人员，顾客都会按自己的意愿穿着，如牛仔裤、运动衫、便裤等。所以，不要因为顾客穿着随意就对其有所怠慢。

（4）不要聚群。如果你与两个或更多参展伙伴或其他非潜在顾客一起谈论，那就是聚群。在参观者眼中，走近一群陌生人总令人心里发虚，当看到你在和别人说话，他们不会前来打扰你。所以，尽量少和参展同伴或临近展位的员工交谈，你应该在你的展位上创造一个温馨、开放、吸引人的氛围，找潜在顾客谈，而不是与你的朋友聊天。

（二）展销会的解说技巧

1. 要善于因人而异，使解说具有针对性。
2. 要突出自己展品的特色，在实事求是的前提下，注意对其扬长避短。
3. 在必要时，可邀请观众动手操作，或由工作人员为其进行现场示范，还可安排观众观看与展品相关的影视片，并向其提供说明材料与单位名片。
4. 在汽车展销会上，解说重点放在主要展品的介绍与推销之上，解说时，要注意FABE并重，即产品特征、展品优势、客户利益和可资证明的证据，就是要求解说应当以客户利益为重，要在提供有利证据的情况之下，着重强调自己所介绍、推销的汽车展品的主要特征与主要优点，使客户觉得言之有理，乐于接受。

在线测验

通过课前预习，了解"会务礼仪的目的及重要性"，掌握"会议座次安排"等知识和技能点，并能熟练运用相关礼仪知识参加或组织各类会议。

扫描下方"测验二维码"进入资源库平台的在线测验页面。

一般会议在线测验　　　展销会在线测验

任务实施

要全面理解"会务礼仪"所涉及的基础知识,并很好地解决本项目任务中所描述的富商遇到的情况,建议采取如下活动开展学习和训练。

(一)一般会议接待礼仪训练

1. 任务实施目标

一般会议组织、会议座次安排。

2. 任务实施准备

形式:假定自己是这家4S店的领导,与学习小组成员商讨和训练会议中的礼仪注意事项,比如:如何安排会议座次等,并采用角色扮演法在课堂上展示。

材料及场地:长桌一张;椅子若干;座签;茶水;学生必须着正装(衬衣、领带、皮鞋、胸牌等)。

3. 任务实施步骤

(1)学生以小组为单位,8人一组,角色自行分配,如:考察队队长刘明、副队长孙宏及考察队员王娜、谭晶,汽车维修店经理、汽车维修店员工等。扮演者要认真仔细为会议做好准备就绪工作。

(2)各小组在上台表演前,要设计好主要情节。各个角色扮演者设计好自己的"言谈举止"。一组在前边表演时,其他组要认真看,仔细听,并适当做笔记,最后打分。此活动主要既能巩固提升学生所学知识,并将知识内化,同时也可以锻炼学生的胆量和交际沟通能力。

(二)展销会接待礼仪训练

1. 任务实施目标

学会为展销会做好充分的准备工作,以及在展销会上注重礼仪规范,提高顾客满意度。

2. 任务实施准备

形式:假定自己是销售顾问刘娜,与学习小组成员商讨和训练在展销会中的注意事项,自己该怎么做,要注意哪些展销会礼仪?并采用角色扮演法在课堂上展示。

材料及场地:轿车一辆;接待吧台一张;客户洽谈区安排洽谈桌椅;文件夹;名片;签字笔;记录夹;汽车宣传资料;茶水;计算器;学生必须着正装(衬衣、领带、皮鞋、胸牌等)。

3. 任务实施步骤

（1）学生以小组为单位，8人一组，角色自行分配，如：刘娜、客户（1~2人）、其余销售顾问或工作人员等。每组扮演者要认真仔细地为展会做好准备工作。

（2）各小组在上台表演前，要设计好主要情节。各个角色扮演者设计好自己的"言行举止"。一组在前边表演时，其他组要认真看，仔细听，并适当做笔记，最后打分。此活动主要既能巩固提升学生所学知识，并将知识内化，同时也可以锻炼学生的胆量和交际沟通能力。

4. 任务评价

现场师生共同评价

5. 提交成果

根据师生评价意见再做调整，重新拍摄，将最好效果的微视频上传至资源库平台（或空间）。教师从平台成果提交情况进一步评价。

（三）相关任务成果提交

小组成员共同完成该任务，并拍摄微视频上传至资源库平台（或空间）

一般会议训练提交成果

展销会训练提交成果

拓展提升

会议礼仪（展销会）积件

参 考 文 献

[1] 石虹，胡伟. 汽车营销礼仪［M］. 北京：北京理工大学出版社，2010.
[2] 夏志华，姬虹，孔春花. 汽车营销服务礼仪［M］. 北京：北京大学出版社，2011.
[3] 孟晋霞. 汽车商务礼仪［M］. 北京：清华大学出版社，2012.
[4] 周思敏. 你的礼仪价值百万［M］. 北京：北京大学出版社，2011.
[5] 王亚维，辰瑜，赵楷. 汽车服务礼仪［M］. 北京：电子工业出版社，2015.
[6] 张志. 汽车服务礼仪：理实一体化教程［M］. 上海：上海交通大学出版社，2012.
[7] 刘易莎，钟晓红，杨运来，曾小山. 汽车商务礼仪［M］. 北京：清华大学出版社，2016.
[8] 赵国栋，李志刚. 混合式教学与交互式视频课件设计教程［M］. 北京：高等教育出版社 2013.
[9] 徐觅，现代商务礼仪教程［M］. 北京：北京邮电大学出版社，2011.
[10] 向莉，现代礼仪实训教材［M］. 北京：现代教育出版社，2011.